क्रिस्टोफर कोलंबस

क्रिस्टोफर कोलंबस का जन्म सन् 1449 में जेनोआ (इटली) में हुआ था। उसके पिता एक जहाजी थे, इसलिए बचपन से ही वह समुद्र एवं जलपोतों से लगाव रखता था। इन सबके चलते भूगोल व मानचित्रों के प्रति उसकी जिज्ञासा अत्यंत तीव्र हो गई थी। कोलंबस ने पृथ्वी के नक्शे पर एशिया की स्थिति का जो अनुमान लगाया था, वह गलत निकला और वह समुद्री यात्रा के द्वारा एशिया के बजाय अमेरिका पहुँच गया। इस यात्रा के दौरान किसी को यह जानकारी नहीं थी। इसी कारण एशियाई मार्ग की खोज का श्रेय कोलंबस के बजाय वास्को डि गामा को मिला। वास्को डि गामा कोलंबस की अमेरिका यात्रा के 6 वर्ष बाद सन् 1498 में अफ्रीका का चक्कर लगाता हुआ दक्षिण भारत के कोचीन बंदरगाह पर पहुँचा था।

14 वर्षों तक कोलंबस पुर्तगाल की राजधानी में रहा, लेकिन वहाँ के शासकों ने उसके साथ धोखा किया और उसको शहर से बाहर न जाने का आदेश दिया। परंतु कोलंबस अपने पुत्र डिएगो के साथ वहाँ से निकल भागा। 12 अक्तूबर, 1492 को कोलंबस ने एक नए द्वीप को खोज निकाला। इस स्थल को कोलंबस ने 'इंडिया' नाम दिया, जो आज संयुक्त राज्य अमेरिका के 48 राज्यों में से एक 'इंडियाना' के नाम से प्रसिद्ध है।

इस पुस्तक में कोलंबस के जीवन और उसके साहसिक समुद्री अभियानों का वर्णन, जो सुधी पाठकों को जानकारीपरक एवं रुचिकर लगेगा।

राकेश रंजन

अनुवाद कार्य में दक्षता। दुनिया के महान् व्यक्तित्वों की जीवनियों का लेखन तथा अनुवाद कार्य। निरंतर लेखन में सक्रिय।

क्रिस्टोफर कोलंबस

राकेश रंजन

प्रभात
प्रकाशन

प्रकाशक
प्रभात प्रकाशन प्रा. लि.
4/19 आसफ अली रोड, नई दिल्ली–110002
फोन : 011–23289777 • हेल्पलाइन नं. : 7827007777
इ–मेल : prabhatbooks@gmail.com ❖ वेब ठिकाना : www.prabhatbooks.com

संस्करण
2025

मूल्य
तीन सौ रुपए

मुद्रक
आर–टेक ऑफसेट प्रिंटर्स, दिल्ली

★

CHRISTOPHER COLUMBUS
Biography by Shri Rakesh Ranjan

Published by **PRABHAT PRAKASHAN PVT. LTD.**
4/19 Asaf Ali Road, New Delhi-110002

ISBN 978-93-5521-019-7

₹ 300.00

दो शब्द

क्रिस्टोफर कोलंबस का जन्म सन् 1449 में जेनोआ (इटली) में हुआ था। उसके पिता एक जहाजी थे, इसलिए बचपन से ही वह समुद्र एवं जलपोतों से लगाव रखता था। इन सबके चलते भूगोल व मानचित्रों के प्रति उसकी जिज्ञासा अत्यंत तीव्र हो गई थी। कोलंबस ने पृथ्वी के नक्शे पर एशिया की स्थिति का जो अनुमान लगाया था, वह गलत निकला और वह समुद्री यात्रा के द्वारा एशिया के बजाय अमेरिका पहुँच गया। इस यात्रा के दौरान किसी को यह जानकारी नहीं थी। इसी कारण एशियाई मार्ग की खोज का श्रेय कोलंबस के बजाय वास्को डि गामा को मिला। वास्को डि गामा कोलंबस की अमेरिका यात्रा के 6 वर्ष बाद सन् 1498 में अफ्रीका का चक्कर लगाता हुआ दक्षिण भारत के कोचीन बंदरगाह पर पहुँचा था।

उस समय तक लोहे के जहाज नहीं बने थे और लकड़ी के जहाज से 500 मील से अधिक की यात्रा नहीं की जा सकती थी। इसके अलावा यूरोप और अमेरिका के बीच में स्थित अटलांटिक महासागर के तीन हजार मील के फासले में एक भी द्वीप नहीं था। इस कारण कोई भी समुद्री यात्रा करने का साहस नहीं करता था, लेकिन कोलंबस का दिमाग भूगोल और मानचित्रों में तीव्र गति से चलता था। उसने यह अनुमान लगाया कि समुद्र के पार निश्चित रूप से कोई देश अवश्य होगा। कोलंबस ने

विभिन्न शासकों से यात्रा के लिए सहायता माँगी। पुर्तगाल के शासकों ने उसे सहायता देने का निर्णय लिया। 14 वर्षों तक कोलंबस पुर्तगाल की राजधानी में रहा, लेकिन वहाँ के शासकों ने उसके साथ धोखा किया और उसको शहर से बाहर न जाने का आदेश दे दिया। परंतु कोलंबस अपने पुत्र डिएगो के साथ वहाँ से निकल भागा।

इसके बाद कोलंबस की मुलाकात ला टेविडा के पादरी फादर पिटेज से हुई, उन्होंने कोलंबस को सहायता देने का आश्वासन दिया। फादर पिटेज के मित्र गार्शिया फर्नांडिस एवं पिंजो ने भी कोलंबस को भरपूर सहयोग दिया। इसके बाद कोलंबस ने अपनी खोज के लिए प्रयास शुरू किए। नागरिकों के अत्यंत विरोध के बावजूद कोलंबस ने पालोस के बंदरगाह से अपनी समुद्री यात्रा की शुरुआत की। अंततः 12 अक्तूबर, 1492 को कोलंबस ने एक नए द्वीप को खोज निकाला। इस स्थल को कोलंबस ने 'इंडिया' नाम दिया, जो आज संयुक्त राज्य अमेरिका के 48 राज्यों में से एक 'इंडियाना' के नाम से प्रसिद्ध है।

इस खोज के बाद स्पेन की महारानी ने राजदरबार में कोलंबस का जोरदार स्वागत किया। अंतिम काल तक कोलंबस ने अमेरिका के कई मार्गों की खोज की। इस तरह कोलंबस अमेरिका जैसे राष्ट्र की खोज कर के विश्व के इतिहास में अमर हो गया। सन् 1506 में कोलंबस का देहांत हो गया।

इस पुस्तक में कोलंबस के जीवन और उसके साहसिक समुद्री अभियानों का वर्णन किया गया है।

अनुक्रम

प्रारंभिक जीवन

जन्म

क्रिस्टोफर कोलंबस का जन्म जेनोआ प्रजातंत्र में हुआ था। यहाँ के कई गाँवों के निवासी दावा करते रहे हैं कि कोलंबस का जन्म उनके ही गाँव में हुआ था, लेकिन प्रामाणिक रूप से आज तक उस घर का पता नहीं चला है, जहाँ कोलंबस का जन्म हुआ था। इसके बावजूद इस बात से पूरी दुनिया के लोग सहमत हैं कि 'सन् 1492 में क्रिस्टोफर कोलंबस ने अमेरिका की खोज की थी, जो जेनोआ का रहनेवाला था।'

उसके और उसके परिजनों के नाम के साथ 'कोलंबो' जुड़ा हुआ था। यह उपाधि उसके परिवार में उसके समय से सौ साल पहले से प्रचलित थी, जो इतालवी दस्तावेजों में दर्ज रही है। स्पेन में इसे 'कोलोन' लिखा गया, फ्रांस में इसे 'कोलोंब' लिखा गया, वहीं इंग्लैंड में मूल लातिन स्वरूप में छेड़छाड़ किए बिना 'कोलंबस' रखा गया। ऐसा कहा जाता है कि क्रिस्टोफर ने स्वयं इस मूल लातिन स्वरूप को अपने नाम के साथ जोड़ना पसंद किया था, क्योंकि इसका अर्थ 'बतख' होता है। वह मानता था कि ईसाई धर्म की रोशनी पश्चिम में ले जाकर उसने एक 'बतख' की भूमिका निभाई थी। उसने संसार के एक ऐसे क्षेत्र में भूखंड की खोज की थी, जिसको लोग महज समुद्र मानते आ रहे थे। वह अँधेरे में जी रहे लोगों के लिए प्रकाश का दूत बन गया था। ऐसा माना जाता है कि ईसा मसीह

के नाम को ध्वनित करनेवाले 'क्रिस्टोफर' नाम को उसने सोच-समझकर ग्रहण किया था। इस बात में कोई संदेह नहीं कि उसके परिवार ने धार्मिक संस्कार संपन्न करते समय उसका नाम 'क्रिस्टोफर' रखा था और इसके साथ उसने अपने परिवार की उपाधि कोलंबो को कोलंबस के रूप में जोड़ लिया था। यह दैवयोग ही है कि इस नाम के जरिए जहाँ कवितामयी खूबसूरती झलकती है, वहीं इतिहास का सार भी झलकता है।

क्रिस्टोफर कोलंबस डोमिनिको कोलंबो और सुजाना फोंटानारोसा का बड़ा पुत्र था। उसके दो भाई थे—बर्थोलोम्यू और डिएगो।

ऐसा माना जाता है कि क्रिस्टोफर का जन्म सन् 1436 में हुआ था। कुछ लेखकों का मानना है कि उसका जन्म इससे पहले हुआ था। कुछ अन्य लेखक मानते हैं कि इसके काफी समय बाद उसका जन्म हुआ। उसके जन्म और बचपन के धार्मिक संस्कारों से संबंधित कोई निश्चित तथ्य उपलब्ध नहीं हैं।

आरंभिक शिक्षा

उसके पिता एक अमीर आदमी नहीं थे, इसके बावजूद उन्होंने क्रिस्टोफर को अध्ययन के लिए पाविया विश्वविद्यालय भेजा था। क्रिस्टोफर ने व्याकरण, भूगोल, ज्योतिष, नेविगेशन और लातिन भाषा का अध्ययन किया, लेकिन वह ज्यादा समय तक पढ़ाई जारी नहीं रख पाया और चौदह साल की उम्र में विश्वविद्यालय की पढ़ाई छोड़कर जीवन-जगत् रूपी विश्वविद्यालय के अनुभव प्राप्त करने में जुट गया। अगर ऊपर दिया गया उसका जन्मवर्ष सही है तो सन् 1450 में उसने पढ़ाई छोड़ी। इससे कुछ वर्ष पहले तुर्कों ने कांस्टेनटीनोपोल पर अधिकार किया था और यूरोप पर उनके आक्रमण की वजह से हर आयु वर्ग के लोगों का जीवन प्रभावित हुआ था। इस समय से लेकर पंद्रह वर्षों तक कोलंबस ने युवा और साहसी नाविक की भूमिका निभाते हुए कई समुद्री यात्राएँ कीं।

समुद्र का अनुभव

कोलंबस ने लिखा है, ''मैंने जीवन के तेईस साल समुद्र की लहरों पर गुजारे हैं। दुनिया के दूरदराज के इलाकों, पश्चिमी समुद्र तटों और उत्तरी क्षेत्रों को देखा है। मैंने इंग्लैंड को भी देखा है और लिस्बन से गुइनिया समुद्र तक की यात्राएँ की है।'' उसने फर्डीनेंड और इसाबेला को लिखे गए पत्र में इस बात का उल्लेख किया था—''कम उम्र में ही मैं समुद्रयात्रा करने लगा था और तब से समुद्र मेरे जीवन का अभिन्न अंग बना हुआ है। समुद्रयात्रा का अर्थ है प्रकृति के रहस्यों से साक्षात्कार करना। मैं चालीस साल से भी अधिक समय से समुद्र के साथ जुड़ा रहा हूँ। ऐसा कोई भी समुद्री क्षेत्र नहीं, जहाँ मैंने यात्रा नहीं की हो।''

तत्कालीन समय के इतिहास की छानबीन करने से पता चलता है कि कोलंबस के दो संबंधी—कोलोन एल.मोजो और उसके चाचा फ्रांसिस्को कोलोन—मशहूर समुद्री यात्री थे। फ्रांसिस्को कोलोन फ्रांस के 11वें लुई की नौसेना की एक टुकड़ी का कप्तान था। माना जाता है कि क्रिस्टोफर कोलंबस ने आरंभिक वर्षों में अपने इन रिश्तेदारों के साथ समुद्रयात्राएँ की थीं। जब साइप्रस के पास जेनोआ की सेना और वेनेटियन के बीच युद्ध हुआ, तब कोलंबस जेनोआ की नौसेना की एक टुकड़ी का कप्तान था। सन् 1461 से 1463 तक जेनोआ की सेना का केलेब्रिया के किंग जॉन के साथ गठबंधन था। इसी अवधि में कोलंबस कप्तान की भूमिका निभा रहा था।

अपने एक पत्र में उसने लिखा है, ''सन् 1477 के फरवरी महीने में मैंने थुले द्वीप से आगे एक सौ लीग (समुद्री मील) से अधिक दूर तक यात्रा की।'' थुले द्वीप को आइसलैंड भी कहा जाता था। यह आकार में इंग्लैंड जैसा ही था, जहाँ इंग्लैंड के व्यापारी अपना सामान बेचने के लिए लाते थे।

आइसलैंड की यात्रा के बाद कोलंबस के जीवन में भी बदलाव आया। अब वह किसी भी समुद्री यात्रा में मात्र रोमांचक अनुभव प्राप्त करने के लिए शामिल होने वाला लड़का नहीं रह गया था। वह तीस वर्ष का एक जिम्मेदार व्यक्ति बन चुका था।

विवाह

कोलंबस ने लिस्बन नगर में विवाह किया और वहीं पर बस गया। उसकी पत्नी का नाम फिलिपा था। वह एक इतालवी जहाजी बर्थोलोम्यू मुनीज डि परस्ट्रेलो की बेटी थी। बर्थोलोम्यू को भूगोल में काफी दिलचस्पी थी और इस विषय में उसके पास काफी जानकारियाँ भी थीं। यह सन् 1477 का काल था जब पुर्तगाल का राजा एक ऐसे समुद्री अभियान को प्रोत्साहित कर रहा था, जिसके माध्यम से सदी के अंत तक केप ऑफ गुड होप के मार्ग से भारत पहुँचने में सफलता प्राप्त की गई।

विवाह के बाद कोलंबस के सामने जीवनयापन का संकट पैदा हुआ। न तो उसके पास धन था और न ही उसकी पत्नी दौलतमंद थी। कोलंबस

एक चित्रकार बनकर जीविका चलाने लगा। वह पुस्तकों के लिए चित्र बनाता था, धरती के मानचित्र तैयार करता था। उस समय तक धरती का सटीक मानचित्र तैयार करना संभव नहीं हो पाया था, चूँकि दुनिया के बड़े हिस्सों की खोज तब तक नहीं हो पाई थी। न तो किसी को केप ऑफ गुड होप की जानकारी थी और न ही कोई अमेरिकी प्रायद्वीप से परिचित था। कोलंबस तरह-तरह के चार्ट बनाकर बेचता था और अपने प्रिय विषय से जुड़ी सूचनाओं तथा सामग्रियों का संग्रह करता था। उस समय लोगों में भौगोलिक खोजों के प्रति गहरी उत्सुकता थी और कोलंबस के बनाए चार्ट तथा नक्शे काफी लोकप्रिय हो रहे थे। वेस्पीसियस ने एक सौ तीस डुकेट चुकाकर एक नक्शा खरीदा था। उस समय नक्शों के प्रति लोगों के आकर्षण का अंदाजा इसी बात से लगाया जा सकता है। कोलंबस ने समुद्र-यात्रा की महत्त्वाकांक्षा को छोड़ा नहीं था। उसने गुइनिया के समुद्र तट और अन्य दिशाओं में यात्राएँ की थीं।

ऐसा कहा जाता है कि कोलंबस अपने रिश्तेदार कोलोन एल. मोजो के समुद्री बेड़े में एक जहाज पर मौजूद नौसैनिकों का कप्तान था। उसी समय एडमिरल कोलोन एल. मोजो की नौसेना का वेनेटियन नौसेना के साथ युद्ध छिड़ गया, जो फ्लैंडर से वापस लौट रही थी। जिस जहाज पर कोलंबस सवार था। वह एक वेनेटियन जहाज से टकरा गया और उसमें आग लग गई। उस समय विस्फोट होने का खतरा था। कोलंबस जान बचाने के लिए समुद्र में कूद पड़ा और एक लकड़ी के सहारे तैरते हुए समुद्र के किनारे पहुँच गया। वह वहाँ से लिस्बन पहुँचा और कई वर्षों तक वहीं रहा।

कई विद्वान् इस प्रसंग से सहमत नहीं हैं, लेकिन इससे लिस्बन में बसने की पृष्ठभूमि का पता चलता है।

यह तो स्पष्ट है कि लिस्बन पहुँचने के बीस वर्ष से अधिक समय तक वह पश्चिम की खोज संबंधी अपनी महत्त्वाकांक्षी योजना के प्रति लोगों को आकर्षित करने की कोशिश करता रहा। उसने खुद लिखा है, "मैं लगातार विद्वान् व्यक्तियों से पत्र व्यवहार कर रहा था। उनमें कुछ कुलीन विद्वान् शामिल थे तो कुछ साधारण स्तर के लोग भी थे, कुछ

लातिन थे तो कुछ ग्रीक थे, कुछ यहूदी थे तो कुछ यूट थे।" इस दौरान उसने ज्योतिषी टोसकानेली के साथ भी पत्र व्यवहार किया था।

पृथ्वी के गोल होने की खोज कोलंबस ने की थी। पृथ्वी के आकार को लेकर कई तरह के मत भले ही प्रचलित थे, मगर बुद्धिमान लोग इस तथ्य को जानते थे कि पृथ्वी गोल है। भले ही यूरोप से पूरब दिशा में यात्रा करने पर भारत पहुँचने की बात कही जाती थी, मगर पश्चिम की दिशा में यात्रा करने पर भी भारत पहुँचा जा सकता था। उस समय प्रचलित एक दंतकथा में कहा गया है कि एक व्यक्ति ने एशिया के विभिन्न देशों की यात्रा पैदल की, फिर उसने अपने देश नार्वे लौटने का फैसला किया। एशिया की यात्रा के दौरान उसने कुछ लोगों को अजीब तरीके से चिल्लाकर अपने मवेशियों को बुलाते हुए सुना। ऐसी आवाज उसने पहले कभी नहीं सुनी थी। घर लौटने के बाद उसे पश्चिम की तरफ एक दिन का सफर करना पड़ा। चूँकि उसके मवेशी उसी दिशा में चले गए थे। मवेशियों के पास पहुँचकर उसने लोगों को उसी तरह अजीब अंदाज में चिल्लाकर बुलाते हुए सुना, जिस तरह सुदूर पूरब देश में सुना था। उस समय उसे अहसास हुआ कि जिस स्थान पर वह एक दिन के सफर में ही पहुँच सकता था, उस स्थान तक जाने के लिए उसने महीनों पूरब दिशा में पैदल सफर किया—यानी धरती के गोल होने की बात उसकी समझ में आ गई थी। कोलंबस इस तरह की कहानियों से परिचित था और उसे ज्योतिषशास्त्र का भी ज्ञान था, जिस कारण से वह धरती के गोल होने की बात पर विश्वास करता था। उसके विचार से धरती एक गेंद की तरह थी, जो हवा में घूम रही थी, लेकिन उसके सामने कठिनाई थी कि वह लोगों को यकीन नहीं दिला पा रहा था कि धरती के गोल होने की वजह से पश्चिम की दिशा में यात्रा करते हुए एशिया तक पहुँच पाना संभव था।

विज्ञान के विकास के साथ-साथ भूगोलविद् भी इस नतीजे पर पहुँचे कि यूरोप और एशिया के बीच जितनी दूरी की कल्पना की जाती थी, वास्तव में उतनी दूरी नहीं थी। उस जमाने में टोलेमी की पुस्तक को

भूगोल की अहम पुस्तक माना जाता था, जिसमें एक सौ पैंतीस डिग्री का उल्लेख किया गया था। यह दूरी भारत से केनटी द्वीप तक दरशाई गई थी, लेकिन जैसा कि विज्ञान बताता है कि यह दूरी एक सौ अस्सी डिग्री की थी—यानी धरती के आधे हिस्से के बराबर। अगर कोलंबस को इस वास्तविक दूरी का अंदाजा होता तो वह समुद्री-यात्रा की योजना नहीं बनाता।

उस समय लोगों के पास भारतवर्ष के संबंध में जो भी जानकारी उपलब्ध थी, वह तेरहवीं शताब्दी के वेनेटियन यात्री मार्को पोलो के वर्णन पर आधारित थी। उसकी पुस्तक वर्षों से यूरोप के पाठकों के बीच लोकप्रिय रही। बाद के वर्षों में भी एक लोकप्रिय पुस्तक बनी रही, जिसमें यात्रा के रोमांचक अनुभवों का वर्णन किया गया था। मार्को पोलो वेकिन में टाटेरी के ग्रेट खान के राजदरबार में गया था। ग्रेट खान ही वह शासक था, जिसने चीन के साम्राज्य का विस्तार किया था। मार्को पोलो ने जापान या सिपांगो का भी उल्लेख किया था, हालाँकि वह वहाँ कभी नहीं गया था। इसलिए कोलंबस जानता था कि भारतवर्ष से पूरब की दिशा में सिपांगो द्वीप था। उसने उसी द्वीप को अपना लक्ष्य बनाया था, चूँकि उसका अनुमान था कि वह द्वीप यूरोप से नजदीक हो सकता था। उसका अंदाजा गलत नहीं था। जब वह अपने अभियान के दौरान क्यूबा पहुँचा तो उसे गलतफहमी हुई कि वह जापान पहुँच चुका था। कोलंबस का ससुर पोटो सांता द्वीप में पुर्तगाली शासक रह चुका था, जहाँ उसने एक उपनिवेश भी बसाया था। वह पश्चिम दिशा में अभियान जारी रखने में दिलचस्पी रखता था और संभवतः उसी से कोलंबस को कुछ ऐसे तथ्यों का पता चला था, जिसकी वजह से अभियान शुरू करने के लिए वह बेताब हो उठा था।

ग्रीक और लातिन साहित्य और बाद के लेखकों ने एशिया से आगे के भूखंडों का जो वर्णन किया था, उसके प्रति इतिहासकार गहरा आकर्षण महसूस करते थे। उन तमाम लेखकों में सेनेका संभवतः सबसे अधिक मशहूर था। उसने लिखा था—"आनेवाले सालों में समंदर की शृंखला टूट जाएगी और एक महान् भूखंड सामने आएगा···तब दुनिया

का आखिरी छोर थुले नहीं रह जाएगा।''

सन् 1474 में कोलबंस को लिखे गए एक पत्र के साथ टोसकानेली ने एक और पत्र की प्रतिलिपि भेजी थी, जो पत्र उसने पुर्तगाल के राजा को भेजा था। उसने कोलंबस को लिखा था, ''मुझे लगता है कि पूरब के देशों में जाने के लिए तुम्हारे मन में तीव्र ललक है, जहाँ से प्राणियों का उद्भव हुआ है। तुम्हारे पत्र के जवाब में मैं एक पत्र की प्रतिलिपि भेज रहा हूँ, जिसे मैंने कुछ वर्ष पहले पुर्तगाल के राजा के नाम लिखा था। वह इस विषय में मेरी राय जानना चाहते थे...। अगर मेरे हाथ में धरती का मानचित्र होता तो मैं दिखा सकता था कि मेरी क्या इच्छा थी। मैं एक समुद्री मार्ग के चार्ट पर निशान लगाकर तुम्हें भेज रहा हूँ, जिससे तुम्हें अपने अभियान में सहायता मिल सकती है। मैंने आयरलैंड के पश्चिमी समुद्र तट से लेकर दक्षिण में गुइनिया के समुद्र तट तक के मार्ग को इस चार्ट में अच्छी तरह दरशाया है। इस मार्ग में आनेवाले तमाम द्वीपों का भी इस चार्ट में उल्लेख किया गया है। इसकी पश्चिम दिशा (यानी आयरलैंड और अफ्रीका के समुद्र तट) में मैंने सीधे भारतवर्ष की सीमा की शुरुआत को दरशाया है, जहाँ द्वीपों और भूखंडों का भी उल्लेख है। तुम वहाँ पहुँच सकते हो। तुम्हें खुद ही दूरी की गणना करते हुए उस भूखंड तक पहुँचना होगा, जो अत्यंत उर्वर है और जहाँ बेशकीमती धातु-पत्थर मिलते हैं।''

अपने पत्र में टोसकानेली ने जहाँ जापान की तरफ संकेत किया था, वहीं समुद्र के मध्य में एंटीकिया द्वीप को भी दरशाया था। यह वही नाम है, जिससे फ्रांस के लोग बाद के वर्षों में भी वेस्टइंडीज को लेस एंटीलिस कहकर पुकारते थे। कोलंबस को जो यात्रा करनी थी, उसके संबंध में टोसकानेली ने दूरी का सटीक अनुमान पेश किया था : ''लिस्बन से क्वीसे के मशहूर शहर (हेंग चे फो, चीन की तत्कालीन राजधानी) तक अगर तुम पश्चिमी मार्ग से सीधे बढ़ोगे तो 39 सौ मील की दूरी तय करनी पड़ेगी और एंटीविया से जापान तक की दूरी 225 लीग की होगी।'' टोसकानेली ने फिर लिखा, ''तुम जिस समुद्री अभियान पर निकलना चाहते हो, वह अत्यंत कठिन और चुनौतीपूर्ण हो सकता है।''

भारतवर्ष पहुँचने के लिए पश्चिमी मार्ग खोजने की आकांक्षा

अटलांटिक महासागर को जहाज के जरिए पार करने के बारे में कई तरह की अटकलें लगाई जाती रही थीं। कोलंबस ही वह पहला व्यक्ति था, जिसने इस कार्य को पूरा करने का संकल्प लिया था। वह अच्छी तरह जानता था कि यह चुनौतीपूर्ण कार्य वह अकेले नहीं कर सकता था। उसे अभियान को सफल बनाने के लिए धन की जरूरत थी, अभियान में साथ चलने के लिए सहयोगियों की जरूरत थी और भारतवर्ष पहुँचने पर सहयोगियों को नियंत्रित करने के लिए पर्याप्त अधिकार की जरूरत थी। आधुनिक युग में जहाँ निजी कंपनियाँ समुद्री यात्राओं को प्रायोजित करती हैं, वहीं कोलंबस के युग में किसी राजा की मदद और समर्थन के बिना इस तरह की समुद्री यात्रा पर निकलने की बात सोची भी नहीं जा सकती थी।

कुछ जानकार कहते हैं कि कोलंबस इस कदर साहसी और प्रतिभाशाली था कि अपने बूते पर ही समुद्री यात्राएँ कर सकता था। वह जहाँ श्रेष्ठ जहाजी था, वहीं उसे भूगोल और गणित में भी महारत हासिल थी। वह पुर्तगाल में रहता था, जहाँ के शासक वर्षों से अफ्रीका के समुद्र तटों पर विभिन्न अभियानों को प्रोत्साहित करते रहे थे और दक्षिण की दिशा में समुद्री अभियानों को सफल बनाने में जुटे हुए थे।

ऐसा करते हुए वे नई खोज करने में भी सफल हो रहे थे। जब उनका समुद्री अभियान शुरू हुआ था, तब यूरोप को केनेरीज से आगे अफ्रीका के पश्चिमी तटों के बारे में कोई जानकारी नहीं थी। वैसे जानकार लोगों को पता था कि ईसा पूर्व पाँचवीं शताब्दी में कार्थेज के एक जहाजी हानो ने संसद् के आदेश पर अफ्रीका की यात्रा की थी। पुर्तगाल का राजा हानो के समुद्री अभियान का अनुकरण करना चाहता था। सन् 1441 में गोंजेल्स और ट्रिस्टम ने सिएरा लीओन तक यात्रा की। वे अपने साथ कुछ अश्वेतों को दास बनाकर ले आए थे और इसके साथ ही दासों को बेचने-खरीदने का सिलसिला शुरू हो गया था।

प्राचीन विश्व के पश्चिमी बिंदु ऐजोरेस पर पुर्तगालियों ने सन्

1446 में कब्जा कर लिया था। धीरे-धीरे वे दक्षिण की दिशा में बढ़ते गए और अफ्रीकी समुद्र तट से पूरी तरह परिचित हो गए। साहसी जहाजी पूरब की खोज करना चाहते थे और आखिरकार उन्हें कामयाबी भी मिली। राजा के आदेश पर अगस्त 1477 में जहाजियों का तीन दल बर्थोलोम्यो डायज के नेतृत्व में दक्षिण की यात्रा पर टागुस से रवाना हुआ था। जब डायज ने केप ऑफ गुड होप की खोज कर ली, तब वह लाल सागर की तरफ बढ़ने के लिए बेताब हो उठा, मगर आगे बढ़ने पर उसके सहयोगियों ने बगावत कर दी और उसे वापस लौटने के लिए मजबूर कर दिया। वह अफ्रीका की दक्षिण दिशा से आगे 40 मील तक गया। उसने उस क्षेत्र को केप ऑफ टोरमेंट्स कहकर पुकारा, जहाँ उसे भीषण झंझावात का सामना करना पड़ा। जब राजा जॉन को इसकी सूचना मिली तो उसने शुभ संकेत मानते हुए इसका नाम 'केप ऑफ गुड होप' रख दिया।

अफ्रीका के समुद्र तट से होकर एक अनजान समुद्र पार करते हुए भारतवर्ष पहुँचना कोलंबस की महत्त्वाकांक्षी योजना थी। इस योजना को साकार करने के लिए कोलंबस सभी सक्षम लोगों से मदद माँगते हुए कह रहा था कि पश्चिम के समुद्री मार्ग का इस्तेमाल कर कामयाबी हासिल की जा सकती थी। उसने कहा कि सूरज और चाँद की तरह धरती भी गोल है और विद्वान् उसकी इस बात पर भरोसा करते हैं। धरती अगर गोल है तो निश्चित रूप से भारतवर्ष पुर्तगाल से पश्चिम की दिशा में होगा। अगर भारत के साथ व्यापार शुरू किया जाएगा तो काफी फायदा हो सकता है। यूरोप को भारत की वनस्पतियों, औषधियों व मसालों की खूबियों का पता लग चुका था। भारत में बननेवाले रेशमी व अन्य प्रकार के वस्त्र, कालीन आदि की प्रसिद्धि दुनिया भर में फैली हुई थी। मार्को पोलो और अन्य यात्रियों ने वर्णन किया था कि भारत में सोने का प्रचुर भंडार था। इसके अलावा दुर्लभ मोती एवं धातु की ख्याति भी दूर-दूर तक फैली हुई थी। एक ऐसे समृद्ध भूखंड तक पहुँचने के लिए कोलंबस बेताब हो चुका था।

इस तरह के व्यापार से होनेवाले फायदे का अंदाजा एक उदाहरण से लगाया जा सकता है। कोलंबस के समय से एक पीढ़ी बाद पूरी दुनिया

का चक्कर लगाकर मागेलन नामक जहाज काडिज वापस लौटा था, जिसमें मोलुकस की वनस्पतियाँ लदी हुई थीं। स्पेनिश सरकार ने जब इन वनस्पतियों को बेचा तो उसे इतना फायदा हुआ कि समुद्री यात्रा का सारा खर्च वसूल हो गया और उसके बाद भी काफी धन बच गया।

कोलबंस सहयोग की माँग करते हुए कह रहा था कि अगर उसे समुद्री अभियान में कामयाबी मिलेगी तो काफी मुनाफा बटोरने की संभावना भी रहेगी। राजा को इस तरह के मुनाफे में स्वाभाविक रूप से दिलचस्पी थी।

इतालवी भूगोलशास्त्री टोसकानेली के जिस पत्र का उल्लेख किया जा चुका है, वह पत्र पुर्तगाल के राजा के नाम लिखा गया था। कोलंबस ने पुर्तगाल के राजा अलफोंसो पंचम और उसके पुत्र जॉन द्वितीय से समुद्री अभियान की संभावित सफलता के बारे में बातचीत की। दोनों ने उसकी योजना की सराहना की, लेकिन जॉन द्वितीय ने एक चूक कर दी। उसने दूसरे जहाजी को कोलंबस की योजना पर अमल करने का निर्देश दे दिया। वह जहाजी स्वार्थी और धूर्त किस्म का था। उसने एक जहाज का इंतजाम किया और दूसरे नाविक को भारत की खोज करने के लिए पश्चिम दिशा में रवाना कर दिया। बाहरी तौर पर वह दरशा रहा था कि वह केप डे वर्डे द्वीप की यात्रा पर रवाना हो रहा था। असलियत में वह कोलंबस के बताए मार्ग पर बढ़ता जा रहा था। जहाज आगे बढ़ता गया, मगर रास्ते में उसे भीषण तूफान का सामना करना पड़ा। जहाज पर सवार नाविक अनजान समुद्र तक पहुँचकर घबरा गए और वे लिस्बन वापस लौट आए। कोलंबस ने स्वयं इस प्रसंग का वर्णन किया है। राजा ने उसके साथ जिस तरह विश्वासघात किया था, उससे वह मायूस हो गया और लिस्बन छोड़कर सहायता माँगने के किए स्पेन के राजा-रानी के पास चला गया।

कोलंबस की तरह ही, परवर्ती समय में, पुर्तगाल के राजा की सेवा करनेवाला जहाजी मागेलन दरबार में अपमानित होने के बाद क्षुब्ध होकर स्पेन चला गया था। उसने स्पेन के राजा के सामने समुद्री मार्ग से पूरी दुनिया की यात्रा करने का प्रस्ताव रखा था, जिसे राजा ने स्वीकार कर

किया था। उसने स्पेनिश जहाज में सवार होकर यात्रा की और उसके प्रयासों के चलते ही स्पेन फिलिपीन द्वीप पर कब्जा कर सका। इस तरह पुर्तगाल के शासकों ने दो सुनहरे मौके को गँवा दिया, जिन मौकों का इस्तेमाल कर वे अपने साम्राज्य के लिए समृद्धि हासिल कर सकते थे।

इस बीच कोलंबस की पत्नी फिलिपा का देहांत हो गया था और वह बेघर हो चुका था। वह अपने इकलौते पुत्र डिएगो के साथ सन् 1484 के अंत में लिस्बन को हमेशा के लिए छोड़कर चला गया। उसके साथ जॉन द्वितीय ने जिस तरह विश्वासघात किया था और मदद का वादा करके उसकी योजना किसी दूसरे जहाजी को बता दी थी, उससे उसे काफी तकलीफ पहुँची थी।

□

समुद्री यात्रा की योजना

जेनोआ की यात्रा

ऐसा कहा जाता है कि लिस्बन छोड़ते समय कोलंबस कर्ज से दबा हुआ था। परवर्ती समय में राजा जॉन द्वितीय ने उसे लिस्बन आमंत्रित करते हुए आश्वासन दिया था कि वह साहूकारों के दबाव से उसकी सुरक्षा सुनिश्चित करेगा। दूसरी तरफ यह भी कहा जाता है कि लिस्बन से रवाना होने के बाद वह जेनोआ गया था, जहाँ उसने वृद्ध पिता की देखभाल के लिए समुचित व्यवस्था की थी। अब तक कोलंबस की उम्र पचास वर्ष हो चुकी थी।

ऐसा माना जाता है कि इसी दौरान उसने अपने हमवतन जेनोआवासियों को अपनी योजना की अहमियत के बारे में बताया था और पश्चिमी मार्ग से भारतवर्ष पहुँचने के अपने लक्ष्य को पूरा करने में सहायता देने का अनुरोध किया था। केप ऑफ गुड होप के मार्ग की खोज होने के बाद जेनोआ सहित इटली के अन्य बंदरगाहवाले नगरों को आर्थिक क्षति सहन करनी पड़ी थी, चूँकि पहले इन्हीं बंदरगाहों के जरिए पूर्वी यूरोप का व्यापार संचालित होता था। अगर कोलंबस के प्रस्ताव को जेनोआ के शासकों ने स्वीकार कर लिया होता तो उन्हें भी भविष्य में समृद्धि हासिल हो सकती थी।

स्पेन की यात्रा

उस समय जेनोआ के हालात ठीक नहीं थे। तुर्कों के साथ युद्ध में उसे

पराजय का सामना करना पड़ा था। क्रीमिया में उसकी सैन्य छावनी काफा पर तुर्कों ने अधिकार कर लिया था और आर्कीपेलोगो पर भी खतरा मँडराने लगा था। जेनोआ सरकार ने कोलंबस के प्रस्ताव को स्वीकार नहीं किया। फिर वह वहाँ से स्पेन लौट गया। वह दक्षिणी स्पेन के गण्यमान्य व्यक्तियों से जाकर मिला, जो उदार स्वभाव के थे और नई खोजों में दिलचस्पी रखते थे। मेडीना सेली के ड्यूक और मेडीना सिडोनिया के ड्यूक ने कोलंबस की योजना को ध्यान से सुना। दोनों ने अपने दरबार में कोलंबस का स्वागत किया और समुद्री यात्रा संबंधी उसकी योजना में दिलचस्पी दिखाई।

मेडीना सेली का ड्यूक उसकी योजना से अत्यंत प्रभावित हुआ और वह काडीज बंदरगाह में तैनात अपने चार जहाज कोलंबस को यात्रा के लिए देने हेतु तैयार हो गया, लेकिन अचानक उसने अपना इरादा बदल लिया। उसने कहा कि यह समुद्री अभियान इतना व्यापक है कि इसके लिए राजा का संरक्षण मिलना आवश्यक है। उसने योजना पर भरोसा करते हुए कोलंबस का परिचय राजा-रानी से करवाया और उसकी योजना को साकार करने के लिए मदद का अनुरोध भी किया।

राजा का नाम किंग फर्डीनेंड ऑफ आरागो और रानी का नाम क्वीन इसाबेला ऑफ कैस्टील था। दोनों के विवाह के माध्यम से स्पेन का एकीकरण संभव हुआ था। दोनों ही एक-दूसरे से बेहद मोहब्बत करते थे। उनमें जो ऊर्जा, साहस और विवेक जैसे सद्गुण थे, उनकी वजह से उनका शासन सफल और मर्यादापूर्ण बन गया था। कई जहाजी राजा-रानी के पास समुद्री अभियानों के लिए मदद की गुहार लेकर आते थे और वे उनकी मदद करते भी थे। इस तरह होनेवाली खोजों का लाभ स्पेन को प्राप्त हो रहा था। पुर्तगाल में कोलंबस के साथ विश्वासघात किया गया था, जेनोआ ने उसके प्रस्ताव को ठुकरा दिया था। ड्यूकों ने भी उसकी मदद नहीं की थी। अब वह स्पेन के राजा-रानी के सामने अपना प्रस्ताव पेश करनेवाला था, जो मूर्स के साथ युद्ध में उलझे हुए थे, जिन्होंने स्पेन के एक हिस्से पर कब्जा कर लिया था।

राजा-रानी के दरबार में

राजा-रानी कोरदोवा में रहते थे। यह समृद्ध और खूबसूरत नगर था। इस नगर को उन्होंने मूर्स के कब्जे से छुड़ाया था। राजा-रानी के शासनकाल में कोरदोवा यूरोप में ज्ञान का प्रमुख केंद्र बन गया था। इस नगर में कोलंबस एलोंसो डि क्वींटीनिला के घर में ठहरा था, जो उसकी योजना का प्रबल समर्थक था। उसने महत्त्वपूर्ण लोगों से कोलंबस की जान-पहचान करवाई थी। ऐसे ही महत्त्वपूर्ण लोगों के सहयोग से राजा के साथ कोलंबस की मुलाकात तय की गई थी। वैसे योजना पेश करने के लिए माहौल उतना अनुकूल नहीं था, जैसा वह चाहता था। दुश्मन के साथ युद्ध के लिए कोरदोवा नगर में जबरदस्त तैयारी चल रही थी; लेकिन उधर राजा फर्डीनेंड कोलंबस की समुद्री यात्रा संबंधी योजना को सुनने के लिए तैयार हो गया था। इस बात का उल्लेख नहीं मिलता कि पहली मुलाकात के समय रानी इसाबेला भी मौजूद थी या नहीं। जंग की तैयारियों में उलझे रहने के बावजूद फर्डीनेंड ने कोलंबस की योजना में दिलचस्पी दिखाई। उसे कोलंबस ने प्रभावित किया। जिस शालीनता और विनम्रता के साथ

कोलंबस ने अपनी योजना की व्याख्या की, उससे राजा मुग्ध हो गया। कोलंबस ने कहा कि ईश्वर ने उसे यह खोज करने के लिए ही भेजा है। हालाँकि राजा ने पहली मुलाकात में ही योजना को स्वीकार नहीं किया। उसने कहा कि विद्वानों की एक परिषद् इस प्रस्ताव पर विचार कर किसी नतीजे पर पहुँचेगी।

सालामांका की परिषद् में

कोलंबस ने खुद ही उल्लेख किया है कि वह 26 जनवरी, 1486 को स्पेन सरकार की सेवा में तैनात हुआ। उसी वर्ष शिक्षण केंद्र के रूप में विख्यात सालामांका नगर में परिषद् की बैठक बुलाई गई। इस बैठक में कोलंबस को अपनी योजना के बारे में विस्तारपूर्वक रोशनी डालने का मौका मिला। परिषद् में उस समय के प्रमुख विद्वानों को शामिल किया गया था, लेकिन ज्यादातर लोग इस विषय को लेकर पूर्वग्रह के आधार पर सोच रहे थे। उनके पुराने विचार इतने स्थायी बन चुके थे कि उन्हें बदल पाना आसान नहीं था। उनमें कई चर्चों के पादरी थे, जो किसी भी विषय को पवित्र ग्रंथ के नजरिए से देखते थे और पोप की व्याख्या को ही अंतिम सत्य समझते थे। उनमें से कई ओल्ड टेस्टामेंट के नजरिए से इस मसले पर विचार कर रहे थे और उन्हें कोलंबस की योजना अवास्तविक प्रतीत हो रही थी। पादरियों के पुराने विचार की कसौटी पर कोलंबस की योजना निरर्थक साबित हो रही थी।

वहीं परिषद् में ऐसे लोगों की भी कमी नहीं थी, जो कोलंबस की योजना का समर्थन कर रहे थे और बैठक के बाद भी कोलंबस के पक्ष में प्रचार कर रहे थे। ग्रीष्मकाल में परिषद् की कई बैठकें होती रहीं, मगर कई वर्ष गुजरने पर भी परिषद् किसी नतीजे पर नहीं पहुँच पाई।

राजा-रानी और मंत्रिगण मूर्स के साथ युद्ध में व्यस्त थे। कोलंबस को बार-बार दरबार में बुलाया जाता था और उसे अपनी योजना को जारी रखने के लिए अग्रिम धन भी दिया जाता था। इसी दौरान किंग जॉन ने उसे पत्र लिखकर पुर्तगाल लौट आने का प्रस्ताव दिया। इसी तरह का पत्र उसे इंग्लैंड के किंग हेनरी चतुर्थ ने लिखा था और अपने दरबार में आने का निमंत्रण दिया था। स्पेन में उसके प्रस्ताव पर अभी तक कोई निर्णय नहीं लिया गया था। उस युग में सारे

निर्णय इसी तरह टालते हुए लिये जाते थे।

सन् 1489 में कोलंबस ने स्पेन के राजा की तरफ से युद्ध में भागीदारी की थी। सन् 1490 की सर्दियों में जब ऐलान किया गया कि सेना को मैदाने-जंग में उतरना है और ग्रेनडा को जीतने तक युद्ध लड़ना है, तब कोलंबस ने आखिरी बार अपने प्रस्ताव पर स्वीकृति प्राप्त करने के बारे में विचार किया। उसने इस बात पर जोर दिया कि उसे अपनी योजना के प्रस्ताव का स्पष्ट जवाब मिलना चाहिए। रानी के दूत फर्नांडो डि तलावेरा को स्पष्ट जवाब लाने की जिम्मेदारी सौंपी गई। जवाब ऐसा था, जिसे सुनकर कोलंबस मायूस हो उठा। जवाब दिया गया कि ऐसे कमजोर आधारवाली योजना के लिए सरकार अपने संसाधन खर्च नहीं कर सकती।

राजा-रानी उसकी योजना में रुचि रखते थे और सालामांका की परिषद् के कुछ सदस्य भी उसकी योजना का समर्थन करते थे। राजा-रानी के दूत ने कोलबंस को बताया था कि युद्ध पर होनेवाले भारी खर्च की वजह से वे उसे नई खोज के लिए समुद्री यात्रा पर भेज नहीं पा रहे थे। युद्ध समाप्त होने पर उन्हें उम्मीद थी कि वे उसे समुद्री यात्रा के लिए रवाना कर सकते थे। कोलंबस को पाँच साल तक इंतजार करने के बाद ऐसा अनिश्चित जवाब मिला था, जबकि राजा-रानी के प्रति उसके मन में अगाध आस्था का भाव था। कोलंबस ने दूत के मुँह से अनिश्चित सा जवाब सुनकर यही समझा कि उसके प्रस्ताव को ठुकरा दिया गया है। वह निराश होकर सेविले के राजमहल से बाहर आ गया।

उसने फ्रांस के राजा के समक्ष अपना प्रस्ताव पेश करने का निश्चय किया। इसी उद्देश्य के साथ वह अपने दस या बारह वर्षीय पुत्र डिएगो के साथ रवाना हो गया। रात होते-होते वह सेंट मेरी ऑफ रेबीडा के आतिथ्यपरायण धार्मिक मठ में पहुँच गया। उसके वहाँ ठहरने के कारण यह धार्मिक मठ इतिहास में प्रसिद्ध हो गया। यह स्थान पालोस के बंदरगाह से दक्षिण की दिशा में तीन मील की दूरी पर था। उस युग में पालोस बंदरगाह स्पेन का महत्त्वपूर्ण बंदरगाह माना जाता था, जो वाणिज्यिक दृष्टिकोण से काफी अहमियत रखता था। धार्मिक मठ समुद्र तल से ऊपर स्थित था, जहाँ से ढलान की तरफ एक रास्ता उतरता था, जो समुद्र

तट तक जाता था। इसकी खिड़कियों और गलियारों से समुद्र का नजारा पश्चिम और दक्षिण की तरफ दिखाई देता था। धार्मिक मठ के निवासी आज भी उस कमरे को दिखाते हैं, जिसमें बैठकर कोलंबस लिखता था। इस कमरे को स्पेन की सरकार ने धरोहर के रूप में सुरक्षित रखा है।

इसी धार्मिक मठ के दरवाजे के पास पहुँचकर उसने अपने लड़के के लिए भोजन-पानी की माँग की थी। धार्मिक मठ के मठाधिकारी का नाम जुआन पेटेज डि मरचेना था। वह कोलंबस के व्यक्तित्व से अत्यंत प्रभावित हुआ। खास तौर से उसकी बातचीत का अंदाज उसे अच्छा लगा और उसने उसे मेहमान के रूप में ठहरने के लिए आमंत्रित किया।

जब उसे पता चला कि उसका नया मेहमान फ्रांस को एक महान् खोज का प्रस्ताव देने के लिए रवाना हुआ था, तब उसने उससे अनुरोध किया कि उसे एक बार स्पेन सरकार से भी अनुरोध करके देखना चाहिए। उसने पालोस के एक चिकित्सक फर्नांडोस और पिंजोन के जरिए भी कोलंबस पर दबाव डाला कि उसे एक बार संदेशवाहक को राजा-रानी के पास अवश्य भेजना चाहिए। रोड्रीगेज नामक व्यक्ति को संदेशवाहक बनाकर भेजा गया। उसकी सीधी पहुँच रानी तक थी, चूँकि जुआन पेटेज पहले रानी का दूत रह चुका था और रोड्रीगेज उसका विश्वस्त सहयोगी था। रानी मठाधिकारी जुआन पेटेज पर जितना भरोसा करती थी, उतना ही भरोसा कोलंबस पर भी करती थी। चौदह दिनों के बाद रोड्रीगेज सांता फे से लौटकर आ गया। वह अपने साथ मठाधिकारी के नाम रानी का पत्र लेकर आया था, जिसमें रानी ने उससे शाही सेना में लौटने का अनुरोध किया था। आधी रात से पहले मठाधिकारी जुआन पेटेज खच्चर पर सवार होकर रवाना हो गया।

सांता फे नगरी सैनिक छावनी की तरह नजर आती थी। यह नगरी वेगा के उपजाऊ मैदानी इलाके में बसी हुई थी। यह इलाका ग्रेनडा की पश्चिमी दिशा में मीलों तक फैला हुआ था। सेना और राजपरिवार यहाँ युद्ध को जारी रखने के लिए मौजूद था। जुआन पेटेज आसानी से रानी इसाबेला से मिल सकता था। रानी के एक विश्वस्त कर्मचारी मकेसा डि मोया की मदद से पेटेज रानी से मिला। पेटेज का अनुरोध सुनने पर रानी

ने कोलबंस को अपने पास लौटने के लिए कहा। यात्रा व्यय के रूप में बीस हजार मार्वेडीज कोलंबस को भेजने का आदेश भी रानी ने दिया। कोलंबस को तत्काल यह रकम पेटेज के जरिए भेज दी गई। कोलंबस ने एक खच्चर खरीदा। उसने अपने पुराने कपड़े छोड़कर बेहतर पोशाक खरीदी और रानी से मिलने के लिए रवाना हो गया।

कोलंबस जब राजमहल पहुँचा, उससे पहले ही राजा-रानी को जीत हासिल हो चुकी थी। उन्होंने पवित्र ग्रेनडा नगर पर कब्जा कर लिया था और स्पेन में मूर्स का राज समाप्त हो गया था। राजा-रानी और सैनिक विजयोत्सव मनाने के लिए आलहाम्बरा में प्रवेश करने की तैयारी कर रहे थे। जिस समय विजय के अवसर पर शोभा यात्रा निकाली जा रही थी और स्पेन के झंडे को हवा में लहराया जा रहा था, उस समय कोलंबस के मन में अपनी भावी विजय को लेकर हलचल मची हुई थी और एक किस्म की उत्तेजना से उसका दिल तेजी से धड़क रहा था।

मगर इतनी जल्दी उसे कामयाबी नहीं मिलनेवाली थी। फर्नांडो डि तलावेरा, जो सालामांका की परिषद् का सदस्य था, अब ग्रेनडा का आर्कबिशप बना दिया गया था। वह कोलंबस से हमदर्दी नहीं रखता था और जब राजा-रानी के सामने कोलंबस आखिरी बार अपनी समुद्री यात्रा की योजना की व्याख्या कर रहा था, उस समय उसने बताया था कि इस अभियान के दौरान हासिल होनेवाली दौलत का दसवाँ हिस्सा उसे मिलेगा। तलावेरा ने एक जहाजी को खोज के लिए इतना बड़ा हिस्सा दिए जाने के प्रस्ताव का कड़ा विरोध किया। तलावेरा अब रानी इसाबेला का भी दूत बन चुका था, इसीलिए उसके विरोध को आसानी से टाला नहीं जा सकता था मगर कोलंबस अपनी बात पर अटल बना हुआ था। वह किसी भी हालत में आर्कबिशप की शर्तों पर अभियान पर निकलने के लिए तैयार नहीं था। उसने सौदेबाजी से बाहर निकलने का फैसला किया और शाही दरबार से निकल गया। उसने जैसा पहले निश्चय किया था, उसी सोच के आधार पर फ्रांस के राजा के समक्ष अपनी योजना पेश करने का निर्णय किया।

अगर रानी और लुइस डि सेंट एंगल ने पहल नहीं की होती तो

पुर्तगाल और जेनोआ की तरह स्पेन भी महान् खोज के श्रेय से वंचित हो गया होता। सेंट एंगल कोलंबस का मित्र था। वह एक महत्त्वपूर्ण सरकारी अधिकारी था। वह आरेगोन के चर्च राजस्व का कोषाध्यक्ष था। उसने रानी के साथ कोलंबस की मुलाकात करवाने में अहम भूमिका निभाई। ऐसा लगता है कि उस मुलाकात के दौरान आरेगोन का राजा फर्डीनेंड उपस्थित नहीं था। सेंट एंगल ने प्रभावशाली तरीके से कोलंबस की योजना के बारे में बताया। आखिरकार इसाबेला इस योजना को लेकर उत्साहित हो उठी। उसने कहा कि कोलंबस को खोज के लिए रवाना होना चाहिए और इस अभियान का सारा खर्च वह वहन करेगी।

इस अभियान के लिए तीन हजार क्राउन की आवश्यकता थी। कोलंबस ने दो जहाजों की माँग की थी और मल्लाहों के वेतन का इंतजाम करने के लिए कहा था। मगर तीन हजार क्राउन का इंतजाम किस तरह हो सकता था? राजकोष खाली हो चुका था और राजा किसी तरह की फिजूलखर्ची के लिए तैयार नहीं था। इस परिस्थिति में इसाबेला ने कहा, ''यह अभियान केस्टील साम्राज्य के पक्ष में मेरा है। मैं अपने गहने बेचकर भी रकम का इंतजाम करूँगी।''

लेकिन रकम का इंतजाम सेंट एंगल ने किया। उसके नियंत्रण में जो चर्च का कोष था, उसी में से उसने कोलंबस को अभियान के लिए रकम दी। पहली समुद्री यात्रा के बाद कोलंबस जो सोना लेकर आया, उसी से इस उधार को चुकता किया गया था, लेकिन इसाबेला भारतवर्ष पर केस्टील का कब्जा चाहती थी और उस पर अपना हक समझती थी।

इस बीच खच्चर पर सवार होकर कोलंबस अकेले ही पालोस जा रहा था। एक पुल के पास एक संदेशवाहक शाही खत लेकर उसके पास पहुँचा। खत में उससे लौटकर आने के लिए अनुरोध किया गया था। कोलंबस के मन की हताशा दूर हो गई थी और उम्मीद की किरण उसके चेहरे पर कौंधने लगी थी।

शर्तों की मंजूरी

विजेता बनकर लौटने से पहले कोलंबस आखिरी बार इसाबेला से

मिलने आया। राजा को इस अभियान पर पक्का यकीन नहीं था और वह दुविधा की स्थिति में था। इसाबेला ने इस अभियान का नियंत्रण अपने हाथ में ले लिया था। रानी और कोलबंस के बीच शर्तों को लेकर सहमति हो गई। शर्तनामा तैयार किया गया, जिसके तहत बताया गया कि कोलबंस जिन स्थानों की खोज करेगा, उन स्थानों पर वह आजीवन एडमिरल बना रहेगा। खोजे गए स्थानों से हासिल होनेवाली दौलत, सोना, चाँदी, कीमती पत्थर, वनस्पति आदि के दसवें हिस्से पर कोलंबस का अधिकार होगा। खोजे गए स्थानों के शासक की नियुक्ति करने के लिए उसकी तरफ से मनोनीत तीन व्यक्तियों में से किसी एक का चयन राजा-रानी द्वारा किया जाएगा। इस सिलसिले में पैदा होनेवाले किसी भी तरह के विवाद का अंतिम निर्णय वही ले पाएगा। उसे जहाँ मुनाफे का आठवाँ हिस्सा मिलेगा, वहीं खर्च का आठवाँ हिस्सा भी वहन करना पड़ेगा।

अभियान की तैयारी

उत्साहित होकर कोलंबस उसी समय पालोस पहुँच गया। उसके वफादार मित्र पिनजोन बंधु इस अभियान में भागीदारी करने के लिए तैयार थे। कोलंबस अपने साथ एक शाही आदेश लेकर आया था, जिसमें पालोस के लोगों से कहा गया था कि वे दस दिनों के भीतर दो-चार मस्तूलवाले जहाज अभियान के लिए तैयार करें और मल्लाहों के जत्थे को उसके हवाले किया जाए। तीसरे जहाज को वह स्वयं मित्रों के साथ मिलकर अभियान के लिए तैयार करनेवाला था। मल्लाहों को चार महीने का वेतन अग्रिम देने का इंतजाम किया गया था और कोलंबस को अधिकार दिया गया था कि वह अभियान को अपनी मरजी से संचालित कर सकता था। केवल उसे पुर्तगालियों द्वारा की गई खोजों में किसी तरह का हस्तक्षेप नहीं करना था।

23 मई को कोलंबस पालोस के सेन गिआरगियो चर्च में अपने मित्रों, सेंट मेरीज धर्ममठ के मठाधिकारी और अन्य महत्त्वपूर्ण लोगों के साथ गया, जहाँ शाही आदेश को पढ़कर सुनाया गया।

इस आदेश को सुनकर लोगों ने शुरू में असंतोष या उदासीनता का

भाव प्रदर्शित किया। इस अभियान की सफलता को लेकर लोगों के मन में संदेह का भाव था। मल्लाहों ने इस अभियान में शामिल होने से इनकार कर दिया और आदेश के अनुसार वे जहाजों की मरम्मत करने के लिए भी तैयार नहीं थे। ऐसा लग रहा था कि राजा-रानी की तरफ से सख्त आदेश मिलने

पर ही वे अपने विचार बदल सकते थे, लेकिन पिनजोन बंधुओं ने साहस और समर्पण की भावना के साथ अभियान की तैयारी शुरू कर दी थी। इस तरह एक सप्ताह गुजर गया। मार्टिन एलोनसो पिनजोन और उसके भाइयों ने ऐलान किया कि वे कोलंबस के साथ समुद्री अभियान पर जाने के लिए तैयार थे। पिनजोन बंधु मशहूर व्यापारी और जहाजी थे और सभी उनका काफी आदर करते थे। पिनजोन बंधुओं की घोषणा का सकारात्मक प्रभाव मल्लाहों पर पड़ा। वे सभी शाही आदेश के आधार पर अभियान की तैयारी में जुट गए। यह सोचकर अचरज हो सकता है कि कोलंबस को अपनी यात्रा शुरू करने से पहले इतनी सारी बाधाओं का सामना करना पड़ा, लेकिन उस युग में इस तरह की योजना को अंजाम तक पहुँचाते समय अंधविश्वास, आशंका और पूर्वग्रह का सामना करना पड़ता था।

कोलंबस ने अपनी यात्रा के लिए भंडारघर और मल्लाहों के जत्थे के साथ केवल तीन जहाजों की माँग की थी। जो जहाज उसे मिले, वे बड़े आकार की क्रीड़ा नौका से कुछ बड़े थे। गलेगा और पिंटा नामक जहाज सबसे बड़े थे।

उस युग में ज्यादातर भूमध्यसागरीय व्यापार जहाजों के जरिए ही संभव हो पाते थे। कोलंबस के बेड़े में गलेगा शामिल था, जिसका नाम बदलकर उसने 'सांता मारिया' रख दिया था। इसके अलावा दो अन्य जहाजों के नाम पिंटा और नीना थे। इनमें से दो एक सौ तीन टन के थे। नीना का आकार छोटा था और वह पचास टन का था। एक इतिहासकार ने लिखा है कि इन जहाजों में कायदे से छत भी नहीं थी, वहीं दूसरे इतिहासकारों का कहना है कि सिर्फ नीना जहाज की छत नहीं थी और बाकी दोनों जहाजों की छत थी। कोलंबस स्वयं सांता मारिया पर सवार हुआ। मार्टिन एलोनसो पिनजोन पिंटा जहाज पर सवार हुआ और उसके दोनों भाई फ्रांसिस मार्टिन व विसेंट यानेट नीना पर सवार हुए। तीनों जहाजों में कुल एक सौ बीस लोगों का दल मौजूद था।

एक इतिहासकार हैरिस के अनुसार, यात्रा व्यय बढ़कर 11,40,000 मार्वेडीज हो गया। इस व्यय का आठवाँ हिस्सा कोलंबस को वहन करना था। उसके मित्र पिनजोन ने उसे उधार दिया, जिसे उसने बाद में चुका भी दिया। कुछ इतिहासकार मानते हैं कि कोलंबस को कुल व्यय के आठवें हिस्से से ज्यादा चुकाना पड़ा था।

□

पहला समुद्री अभियान

रवाना हुआ जहाजी बेड़ा

आखिरकार सारी तैयारी हो गई। कोलंबस जहाजी बेड़े की तैयारी से संतुष्ट था। भले ही जहाजों के आकार ज्यादा बड़े नहीं थे, मगर वह असंतुष्ट नहीं था। यात्रा विवरण की शुरुआत में उसने लिखा है, "मैंने अभियान के लिए तीन जहाजों को पूरी तरह तैयार कर लिया था।" वह 20 मई को ग्रेनडा से रवाना हुआ था और पालोस पहुँचकर तीन महीने से भी कम समय में जहाजी बेड़े को तैयार कर समुद्र में उतरने के लिए तत्पर हो चुका था।

वर्तमान युग में पालोस ऐसा महत्त्वहीन स्थान माना जाता है कि स्पेन के कुछ मानचित्रों में इसका उल्लेख तक नहीं मिलता। वह टिंटो नदी के पूरब की तरफ है और पश्चिम में बसा हुएलवा इसकी तुलना में अधिक महत्त्वपूर्ण स्थान बन चुका है।

पालोस का बंदरगाह वर्तमान युग में अवशेष की तरह नजर आता है। टिंटो नदी की धारा के साथ आनेवाली रेत और कीचड़ ने तटवर्ती इलाके को ढक दिया है और यहाँ छोटी नाव भी आगे नहीं बढ़ पाती। पालोस के पास साल्टेस द्वीप आज भी उसी रूप में है, जैसा वह कोलंबस के समय रहा होगा। यह एक छोटा रेतीला द्वीप है, जो समुद्री घास से आच्छादित है। अपने महान् अभियान की शुरुआत का वर्णन करते हुए उसने लिखा है—

"शुक्रवार, 3 अगस्त, 1492। साल्टेस के तट से 8 बजे यात्रा शुरू हुई। सूर्यास्त तक तेज हवा का सामना करते हुए दक्षिण की तरफ, फिर दक्षिण-पश्चिम की तरफ और पश्चिम से दक्षिण की तरफ साठ मील या पंद्रह लीग (समुद्री मील) आगे बढ़े। यह केनरी की दिशा थी ।"

स्पष्ट है कि इतिहास की यह अभूतपूर्व और महानतम समुद्री यात्रा शुक्रवार को शुरू हुई थी। उस जमाने के जहाजी शुक्रवार के दिन समुद्री यात्रा शुरू करना अशुभ मानते थे, मगर कोलंबस ने कभी ऐसे अंधविश्वासों पर भरोसा नहीं किया।

वह सबसे पहले केनरी द्वीप पहुँच जाना चाहता था, जो उसकी समुद्री यात्रा की राह में पश्चिम की दिशा में आखिरी सुपरिचित भूखंड था। उसके मित्र टोसकानेली ने उसे बताया था कि लिस्बन से एशिया के मशहूर नगर फिनसे तक की दूरी एक हजार लीग से कम थी और फिनसे पश्चिम की दिशा में स्थित था। इस हिसाब से कोलंबस मान रहा था कि केनरी द्वीप से फिनसे की दूरी दस डिग्री से भी कम हो सकती थी और सिपांगो अथवा जापान की दूरी उससे भी कम हो सकती थी।

केनरी द्वीप में मरम्मत कार्य

जहाजी बेड़े को केनरी द्वीप में रुकना पड़ा। पिंटा जहाज की पतवार में खराबी आ गई थी और पानी रिसने लगा था। ऐसा माना जा रहा था कि जिस व्यक्ति के अधिकार से जहाज को जबरन हासिल किया गया था, उसी ने जानबूझकर पतवार को खराब कर दिया था या फिर मल्लाहों ने उसे खराब कर दिया था। कोलंबस ने यात्रा के विवरण में लिखा है कि उसे पिंटा के कप्तान मार्टिन एलोनसो पिनजोन के साहस और क्षमता पर पूरा भरोसा था और जहाज को लेकर वह परेशान नहीं था। 9 अगस्त से 2 सितंबर तक, लगभग चार हफ्ते, पिंटा जहाज और उसके मल्लाहों को ग्रेट केनरी द्वीप पर मरम्मत कार्य के लिए रुकना पड़ा। इस तरह जहाज की मरम्मत पूरी हो गई। इसके बाद यह जहाज बेड़े का सबसे तेज और सबसे उपयोगी जहाज बन गया। केनरी द्वीप में उन्होंने पश्चिम की तरफ के भूखंडों के किस्से सुने, जिनका उल्लेख कोलंबस ने अपने यात्रा विवरण में किया है। 6 सितंबर को उन्होंने गोमेटा से यात्रा शुरू की और 8 सितंबर तक उनकी नजरों से भूखंड ओझल हो गया। इसके बाद तैंतीस दिनों तक उन्हें किसी भूखंड के दर्शन नहीं हुए। इसी बात से समुद्री यात्रा की दूरी का अंदाजा लगाया जा सकता है। यात्रा के दौरान वे जहाँ भूखंड देखने की उम्मीद कर रहे थे, वहीं यह भाँपने की भी कोशिश कर रहे थे कि जिस समुद्र में वे यात्रा कर रहे थे, वह दूसरे समुद्रों की तुलना में कितना अलग था। इस यात्रा के दौरान उन्हें किसी बड़े संकट का सामना नहीं करना पड़ा था।

समुद्री-यात्रा की उम्मीदें और आशंकाएँ

अपने यात्रा विवरण में कोलबंस खुद का जिक्र एडमिरल के रूप में करता था। उसने लिखा था—एडमिरल के नजरिए से यात्रा की दूरी एक हजार नवासी लीग थी। यह अंदाजा सटीक नहीं था, मगर वास्तविक दूरी के काफी करीब था। सीधी दूरी तीन हजार एक सौ चालीस नॉटिकल मील या तीन हजार छह सौ बीस स्टैचू मील थी। आधुनिक युग में छोटे पोतों के लिए यह लंबी समुद्री-यात्रा नहीं समझी जाएगी। मुख्य रूप

से यात्रा की दिशा पश्चिम की तरफ थी। कई बार विशेष कारणों से उन्हें पश्चिम से दक्षिण की तरफ बढ़ना पड़ता था। अगर वे सीधे पश्चिम दिशा में बढ़े होते तो अमेरिका के सेंट ऑगस्टीन से उत्तर की तरफ समुद्र तट पर पहुँच गए होते।

जैसा टोसकानेली और कोलंबस ने अनुमान लगाया था, अगर एशिया का समुद्र तट उतना ही करीब होता तो केनरी द्वीप से चीन की यांगत्से कियांग नदी का मुहाना बिल्कुल करीब होता। कोलंबस वहीं पहुँचना चाहता था। काफी समय तक कोलंबस और उसके समर्थक खोजे गए भूखंड के आधार पर अपने अनुमान पर यकीन करते रहे थे।

शनिवार 8 सितंबर को टेनरीफ उनकी नजरों से ओझल हो गया था। 11 सितंबर को उन्होंने एक बड़े जहाज के मस्तूल को तैरते हुए देखा। 14 सितंबर को उन्हें एक 'उष्ण कटिबंधीय चिड़िया' नजर आई, जिसके बारे में नाविकों का मानना था कि वह भूखंड से पचीस लीग से अधिक दूरी पर दिखाई नहीं दे सकती। इस यात्रा में शामिल ज्यादातर नाविक शायद ही कभी मध्यसागरीय क्षेत्र से आगे गए थे। 16 सितंबर से उन्होंने पानी में बह रहे खरपतवारों को देखना शुरू किया, जो हरे थे और ऐसा लगता था मानो हाल ही में भूखंड से बहकर आए हों। उन्हें पहली बार अटलांटिक के मध्य में 'सरगेसो क्षेत्र' का साक्षात्कार हो रहा था, जहाँ हमेशा खरपतवार तैरते हुए नजर आते थे। आत्मविश्वास से भरपूर एडमिरल ने लिखा, "हम जल्द ही महाद्वीप की खोज करेंगे।"

मल्लाहों की आशंका

17 सितंबर को जब गौर से सूरज की तरफ देखा गया तो उन्हें पता चला कि कंपास स्पष्ट रूप से उत्तर की तरफ इशारा नहीं कर रहा था। उस युग में सुई की दिशा में अंतर आ जाना स्वाभाविक माना जाता था, लेकिन सफर में इतना आगे बढ़ जाने के बाद इस तरह का खुलासा होने से मल्लाह आशंकित हो उठे थे। वैसे ही समंदर की लहरों पर आगे निकल जाने के बाद भूखंड पर प्रचलित नियम-कानून का वजूद नहीं रह जाता था, लेकिन मल्लाहों को कोलंबस के ज्ञान और अनुभव पर गहरा विश्वास था। कोलंबस ने सभी को बताया कि उत्तरी दिशा में कोई बदलाव नहीं आया था, न ही कंपास की सुई बदली थी, जो हमेशा उत्तर

दिशा को ही प्रदर्शित करती थी। जब ध्रुवतारा दिखाई पड़ा तो मल्लाहों के मन की आशंका दूर हो गई।

उसी दिन उन लोगों ने खरपतवार तैरते हुए देखे और उन्हें यकीन हो गया कि वे किसी भूखंड से बहकर आए थे। खरपतवार के बीच से कोलंबस ने एक जीवित केकड़े को पकड़ लिया। उसका मानना था कि पूरब की दिशा में केकड़े का बहना पश्चिम की दिशा में भूखंड की संभावना को मजबूत करता था। कोलंबस ने केकड़े को अपने साथ रखा। उसका कहना था कि ऐसे केकड़े भूखंड से अस्सी लीग की दूरी के बाद हरगिज नजर नहीं आते। जबकि हकीकत में वह केकड़ा बहामा से कम-से-कम नौ सौ सत्तर लीग की दूरी पर था। कोलंबस के यात्रा विवरण से भी इस बात की पुष्टि हो जाती है। 18 सितंबर को पिंटा जहाज अन्य दोनों जहाजों से आगे निकल गया। मार्टिन एलोनसो को पक्का यकीन था कि रात होते-होते वह भूखंड तक जरूर पहुँच जाएगा, लेकिन भूखंड इतनी जल्दी नजर नहीं आया।

प्रत्येक दिन बेड़ा जितनी दूरी तय करता, कोलंबस मल्लाहों से दूरी को घटाकर कहता था। उसे आशंका थी कि कहीं मल्लाहों के मन में अविश्वास का भाव पैदा न हो जाए, इसीलिए वह उन्हें प्रतिदिन तय की गई दूरी के बारे में सटीक जानकारी नहीं देता था। यही वजह है कि उसने निजी यात्रा विवरण में इस विषय को इन शब्दों में वर्णित किया है, ''आज पचपन लीग से ज्यादा सफर किया, मगर अड़तालीस लीग ही दर्ज किया।'' यानी दैनिक विवरणिका में उसने अड़तालीस लीग दर्ज किया था, जिस विवरणिका को सभी मल्लाह पढ़ सकते थे। यानी कुल तय की गई दूरी को घटाकर दर्ज करने का कोलंबस ने सिलसिला शुरू कर दिया था।

20 सितंबर को एक उष्णकटिबंधीय चिड़िया को देखा गया, 21 सितंबर को प्रचुर मात्रा में खरपतवारों को देखा गया, जिनकी वजह से समुद्र आच्छादित नजर आ रहा था। कोलंबस ने लिखा, ''समुद्र का पानी नदी की धारा की तरफ नजर आ रहा था और सुहानी हवा चल रही थी। एक ह्वेल मछली नजर आई, जो भूखंड करीब होने का लक्षण है, क्योंकि

ऐसी मछली तटवर्ती इलाके में पाई जाती है।" बाद के वर्षों से स्पष्ट हुआ कि समुद्र के बारे में कोलंबस किस कदर अनभिज्ञ बना हुआ था।

22 सितंबर को विपरीत दिशा से हवा बहने लगी तो एडमिरल ने राहत महसूस की। अब तक हवा पूरब की तरफ से बहती जा रही थी और मल्लाह आशंकित थे कि वे जीते जी शायद स्पेन लौटकर नहीं जा पाएँगे।

23 सितंबर को तीव्र जलधारा की जगह शांत जलधारा नजर आने लगी। कोलंबस ने लिखा, "यह मेरे लिए अनुकूल जलधारा थी, पहले ऐसी ही जलधारा मोसेज ने भी देखी थी, जब वह यहूदियों को लेकर यूनान पहुँचा था।"

अगले दिन विपरीत दिशा से बह रही हवा के चलते उनकी रफ्तार धीमी रही। 25 सितंबर को पिंटा जहाज के कप्तान पिनजोन ने महसूस किया कि वह टोसकानेली के नक्शे के मुताबिक एशिया के किसी बाहरी द्वीप के करीब पहुँच चुका था। सूर्यास्त के समय खुशी से उछलते हुए उसने भूखंड देखने का दावा किया और इस खुशखबरी के बदले वह पारितोषिक की माँग करने लगा। दोनों जहाजों के मल्लाह हर्षोल्लास के साथ गाने लगे, "अपरंपार है ईश्वर की महिमा!" और छोटे जहाज नीना के मल्लाह समझ रहे थे कि वे अब भूखंड तक पहुँचने ही वाले थे। इसी मौके पर उन्होंने पश्चिम से अपनी दिशा दक्षिण-पश्चिम की तरफ मोड़ ली। मगर भूखंड कहीं था ही नहीं। सिर्फ धुंध की वजह से भूखंड का धोखा हुआ था और मार्टिन पिनजोन को कोई पारितोषिक नहीं मिल पाया था। 26 सितंबर को समुद्र 'नदी की तरह' नजर आ रहा था। उस दिन बुधवार था। तीन दिनों में उन्होंने उनहत्तर लीग का फासला तय किया था। शनिवार का दिन शांतिपूर्ण था। उन्होंने एक चिड़िया को देखा, जिसका नाम 'रोबीहोरकाडो' था। आत्मविश्वास के साथ कोलंबस ने लिखा, "यह ऐसी चिड़िया है, जो कभी समुद्र के मध्य में दिखाई नहीं देती, क्योंकि यह भूखंड से बीस लीग की दूरी से अधिक जा ही नहीं सकती। अब मैं बुलबुलों की चहचहाहट सुनना चाहता हूँ।"

रविवार 30 सितंबर को एक बार फिर उष्णकटिबंधीय चिड़िया नजर आई, जो कोलंबस के शब्दों में 'भूखंड करीब होने की परिचायक थी।' सोमवार के विवरण के अनुसार, वे फेटो से सात सौ सात लीग की दूरी

पर थे। मंगलवार को एक सफेद गुल चिड़िया के दर्शन हुए। बुधवार को उन्होंने भारी तादाद में खरपतवार को देखा। कोलंबस को यकीन होने लगा कि वे जरूर 'द्वीपों' की बगल से होकर गुजरे हैं और एशिया महाद्वीप के करीब आ चुके हैं। बृहस्पतिवार को उन्होंने अलग-अलग प्रजाति के पंछियों को देखा। 5 अक्तूबर को भी पंछी नजर आए।

कोलंबस के यात्रा विवरण में दर्ज इस तरह के ब्योरों से पता चलता है कि उसे एशिया के समुद्र तट तक पहुँचने का भरोसा होने लगा था। 6 अक्तूबर को पिनजोन ने कहा कि कहीं वे दिशा भूलकर दक्षिण-पश्चिम की तरफ तो नहीं बढ़ते जा रहे हैं मगर कोलंबस को अपनी चुनी हुई दिशा पर पूरा भरोसा था। 7 अक्तूबर को आगे चल रहे नीना जहाज के कप्तान ने हवा में गोली चलाकर और अपना झंडा फहराकर संकेत दिया कि उसने भूखंड को देख लिया था, मगर इस बार भी उन्हें धोखा हुआ। कोलंबस ने निर्देश दिया कि सूर्योदय और सूर्यास्त के समय तीनों जहाजों को एक दूसरे के नजदीक रहना चाहिए। अगले दिन उत्तर से उड़कर आ रहे पंछियों के झुंड की दिशा को देखकर उसने पश्चिम से दक्षिण-पश्चिम की तरफ बढ़ना शुरू किया। 8 अक्तूबर को उसने लिखा, "समुद्र की जलधारा सेवाइल के पास नदी की जलधारा की तरह थी।" कम मात्रा में खरपतवार नजर आ रहे थे और उन्होंने कुछ पंछियों को पकड़कर जहाज के अंदर रख लिया था। 9 अक्तूबर को उन्होंने दक्षिण-पश्चिम दिशा में पाँच लीग का फासला तय किया, फिर हवा की गति में बदलाव के साथ पश्चिम की तरफ बढ़ने लगे। रात भर उन्होंने पंछियों के झुंड गुजरने की आवाजें सुनीं।

10 अक्तूबर को मल्लाहों ने असंतोष जाहिर करना शुरू कर दिया।

इस प्रसंग को इतिहास में बढ़ा-चढ़ाकर पेश करते हुए बगावत कहकर संबोधित किया गया है। जबकि प्रामाणिक दस्तावेजों से पता चलता है कि ऐसी कोई बगावत नहीं हुई थी। गलत ब्योरा देनेवालों ने लिखा है कि कोलंबस ने गिड़गिड़ाते हुए मल्लाहों से केवल तीन दिन सफर जारी रखने की प्रार्थना की थी, जबकि 10 अक्तूबर के यात्रा विवरण में कोलंबस ने लिखा है :

"मल्लाहों ने यात्रा के लंबे होने की शिकायत की। उन्होंने कहा कि वे और आगे जाना नहीं चाहते। एडमिरल ने उनके अंदर उत्साह का संचार करने के लिए भरसक प्रयत्न किया और उन्हें याद दिलाया कि कामयाबी मिलने पर वे लोग किस कदर मालामाल होनेवाले थे। उसने निर्भीकता के साथ यह भी कहा कि कोई भी शिकायत उसे उसके लक्ष्य से विचलित नहीं कर सकती। उसने भारतवर्ष की खोज करने का संकल्प लिया है और ईश्वर की कृपा से वह इस लक्ष्य को पाने में जरूर कामयाब होगा।" यात्रा विवरण में केवल इन्हीं पंक्तियों से आभास होता है कि मल्लाहों के बीच असंतोष पैदा हुआ था।

इतिहासकार ओविएडो का कहना है कि अगर मल्लाहों ने किसी तरह का विद्रोह किया था तो ऐसा महान् खोज के तीन दिन पहले 8 अक्तूबर को हुआ होगा। उस दिन के यात्रा विवरण में लिखा है :

"पश्चिम-दक्षिण की दिशा में आगे बढ़े और दिन-रात मिलाकर ग्यारह या बारह लीग का फासला तय किया। रात के वक्त प्रति घंटा पंद्रह मील की रफ्तार से आगे बढ़े। समुद्र की जलधारा सेवाइल की नदी की तरह शांत थी, ऐसा ईश्वर की कृपा से हुआ था। हवा इतनी मोहक थी जैसे अप्रैल में सेवाइल की हवा होती है। इसकी खुशबू इतनी मादक थी कि हमें मुग्ध कर रही थी। खरपतवार हरे नजर आ रहे थे। जमीनी इलाके के कई पंछी नजर आ रहे थे, जो दक्षिण-पश्चिम दिशा में उड़ते हुए जा रहे थे।"

यह विवरण कोई विद्रोह का विवरण नहीं है। कोलंबस के लिखे विवरण से स्पष्ट हो जाता है कि महान् खोज की घटना के बाद लोगों ने कई मनगढ़ंत कहानियाँ बनाई थीं, जिनमें एक कहानी यह भी थी कि

मल्लाहों ने कोलंबस का साथ छोड़ दिया था। ऐसा लगता है कि डियाज की समुद्री-यात्रा के प्रसंगों के आधार पर इस तरह के किस्से की कल्पना की गई थी। हकीकत में कोलंबस के यात्रा विवरण से पता चलता है कि प्रत्येक दिन मल्लाहों के मन में भूखंड के पास पहुँचने की उम्मीद बढ़ती जा रही थी।

11 अक्तूबर को सारी आशंकाएँ मिट गईं। किसी ने 11 अक्तूबर को, तो किसी ने 12 अक्तूबर को महान् खोज का दिन माना है, क्योंकि उस दिन जहाजियों ने नए जगत् की जमीन पर कदम रखा।

खोज का मूल ब्योरा इस प्रकार है : "11 अक्तूबर। पश्चिम और दक्षिण-पश्चिम दिशा में आगे बढ़ते रहे। समुद्र का नया रूप नजर आया। एडमिरल के जहाज के पास उष्णकटिबंधीय चिड़िया और पेड़ की टहनी नजर आई। पिंटा जहाज से एक टहनी, एक झाड़ी नजर आई। मल्लाहों ने उन्हें पकड़कर देखा, ऐसा लगा मानो उनको लोहे से काटा गया था। बेंत का एक टुकड़ा मिला। जमीन पर पाई जानेवाली घास मिली। नीना जहाज के मल्लाहों को भी भूखंड का संकेत मिला। उन्हें फूलों और काँटों से लदी हुई एक टहनी मिली। इन संकेतों को पाकर सभी खुश हुए। सभी ने सत्ताईस लीग का फासला तय किया।

"एडमिरल ने आदेश दिया कि सूर्यास्त के समय उन्हें पश्चिम की दिशा में आगे बढ़ना है। वे प्रति घंटा बारह मील की रफ्तार से आगे बढ़ते रहे और आधी रात के बाद और दो घंटे गुजरने तक उन्होंने नब्बे मील का फासला तय कर लिया।

"तीन जहाजों में से सबसे बेहतर चलनेवाला पिंटा आगे-आगे बढ़ रहा था। उसने भूखंड नजर आने का संकेत दे दिया। रोड्रिगो डि ट्राइना नामक मल्लाह पहला आदमी था, जिसने भूखंड को देखा था। एडमिरल जहाज के पिछले हिस्से में था और रात के दस बजे उसने रोशनी देखी, मगर अँधेरे में रोशनी इस कदर धुँधली नजर आ रही थी कि उसने भूखंड नजर आने के बारे में पक्के तौर पर यकीन नहीं किया। इसीलिए उसने राजा के प्रतिहारी पेडरो गुटिरेज को अपने पास बुलाया और रोशनी को देखकर पुष्टि करने के लिए कहा। प्रतिहारी ने रोशनी देखी। उसने जाकर

राजा द्वारा भेजे गए पर्यवेक्षक रोड्रिगो सांचेज को बताया, मगर सांचेज जिस जगह मौजूद था, वहाँ से रोशनी को देखा नहीं जा सकता था।

"जब एडमिरल ने पहली बार बताया, उसके बाद एक या दो बार रोशनी देखी गई। यह एक मोमबत्ती की रोशनी लग रही थी, जिसे नीचे-ऊपर किया जा रहा था, जिसे देखकर जमीन के करीब पहुँचने का विश्वास हो रहा था। एडमिरल को पक्के तौर पर यकीन हो गया था कि वह जमीन के करीब पहुँच चुका था। एडमिरल ने सभी मल्लाहों से कहा कि वे गौर से रोशनी को देखने की कोशिश करें। पहली बार जमीन देखनेवाले को उसने रेशमी जैकेट देने का वादा किया था। वहीं राजा-रानी की तरफ से पहली बार जमीन देखनेवाले को दूसरे इनामों के साथ-साथ आजीवन वार्षिक रूप से दस हजार मार्वेडीज देने की घोषणा की गई थी।

"आधी रात को दो घंटे बाद जमीन नजर आई थी, जो केवल दो लीग की दूरी पर थी।"

□

मिल गई जमीन

इतिहासकार ओविएडो ने महान् खोज का वर्णन नाटकीय तरीके से किया है :

"सबसे बड़े जहाज पर काम करनेवाले लड़के ने, जो लेपे का रहनेवाला था, चिल्लाकर कहा, "आग! जमीन!"

कोलंबस के एक सेवक ने तुरंत जवाब दिया "एडमिरल यह बात पहले ही बता चुके हैं।"

इसके बाद कोलंबस ने कहा, "कुछ समय पहले मैं ऐसा कह चुका हूँ, मैंने जमीन पर आग को देखा था।"

बृहस्पतिवार की आधी रात को दो घंटे बाद एडमिरल ने राजा की तरफ से भेजे गए अधिकारी इस्कोबेस को बुलाकर कहा कि उसने आग को देखा है और जब सुबह हुई, जैसा कि एडमिरल ने रात में ही भविष्यवाणी कर दी थी, सभी ने बड़े जहाज से उत्तर की दिशा में उस द्वीप को देखा, जिसे इंडियन लोग गुआनाहानी कहकर पुकारते थे।

"और सुबह होने पर, 11 अक्तूबर, 1492 को रोड्रिगो नामक व्यक्ति ने सबसे पहले जमीन को देखा, जो ट्राइना का रहनेवाला था।"

इस बात की निश्चित जानकारी नहीं है कि यह प्रसंग 12 अक्तूबर का हो सकता है।

पहली बार जमीन देखने का पुरस्कार कोलंबस को दिया गया और

उसे आजीवन निर्धारित की गई राशि मिलती रही। उसे सालाना दस हजार मार्वेडीस मिलते थे, जो तकरीबन छह सौ डॉलर के बराबर थे।

12 अक्तूबर का ऐतिहासिक दिन

शुक्रवार, 12 अक्तूबर को उन्होंने द्वीप को देखा था, जो लुकायुस समूह का एक द्वीप था, जिसे इंडियन लोग गुआनाहानी कहकर पुकारते थे। उन्होंने द्वीप पर नग्न निवासियों को देखा। एडमिरल सशस्त्र नाव में सवार होकर समुद्र तट तक पहुँचा। उसके साथ मार्टिन एलोनसो पिनजोन और नीना जहाज का कप्तान व मार्टिन का भाई विसेंट यानेट भी समुद्र तट तक गए। एडमिरल ने शाही झंडा फहराया। दोनों कप्तानों ने भी ग्रीक क्रॉसवाले दो झंडे फहराए, जो एडमिरल के निर्देश पर सभी जहाजों पर लटकाए गए थे। ऐसे झंडे पर एफ और वाई दर्ज थे, जो शाही प्रतीक थे। समुद्र तट पर पहुँचकर उन्होंने पेड़ों की कतारें देखीं। विभिन्न प्रकार के जलाशय और जल देखे।

"एडमिरल ने दोनों कप्तानों, बेड़े के कोषाध्यक्ष रोड्रिगो डेसकोवेडो, सेगोविया के रोड्रिगो सांचेज और समुद्र तट पर पहुँचनेवाले तमाम लोगों

को संबोधित करते हुए कहा कि उन्हें उसके प्रति वफादारी का प्रदर्शन करना होगा और द्वीप पर कब्जा करने के लिए सहयोग करना होगा। उसने कहा कि वह राजा और रानी के प्रतिनिधि के रूप में उस द्वीप पर कब्जा करने जा रहा था। जल्द ही द्वीप के काफी निवासी एकत्रित हो गए।''

स्थानीय निवासी

कोलंबस ने अपनी प्रथम खोज का विवरण देते हुए लिखा है :

''11-12 अक्तूबर। मैं चाहता था कि द्वीप के निवासी हमारे साथ मित्रवत् व्यवहार करें और मैं यह भी जानता था कि बल प्रयोग की तुलना में प्रेमपूर्ण व्यवहार के द्वारा उन्हें अपने धर्म के प्रति आकर्षित करना आसान था। मैंने उन्हें लाल टोपियाँ और काँच की घंटियाँ दीं। घंटियों को उन्होंने गले में पहन लिया। और भी कई सस्ती चीजें मैंने उन लोगों को दीं। इन चीजों को पाकर वे पुलकित हो उठे और उन्होंने हमारे साथ मित्रवत् व्यवहार करना पसंद किया।

''हम जिस नाव में सवार थे, उस नाव तक वे लोग तैरते हुए आए। वे अपने साथ हमारे लिए कपास के लच्छे, बरछा और कई अन्य चीजें लेकर आए थे। उन्होंने हमसे चीजें लेकर अपनी चीजें हमें दे दीं। हमने उन्हें काँच की माला और घंटियों जैसी मामूली चीजें दीं। उनके पास जो भी महत्त्वपूर्ण सामान था, उन्होंने मैत्रीभाव के साथ हमें दे दिया। मुझे ऐसा लग रहा था कि इस द्वीप के लोग अत्यंत दीन-हीन थे।

''वे उसी तरह नग्न घूम रहे थे, जिस तरह उनकी माताओं ने उन्हें जन्म दिया था। महिलाएँ भी पूरी तरह निर्वस्त्र थीं, हालाँकि मैंने एक ही महिला को देखा, जो सचमुच जवान थी। वे लोग आकर्षक और तंदुरुस्त थे। घोड़े की पूँछ की तरह उनके बाल थे, जिन्हें काटा गया था। उनके बाल उनकी भवों के ऊपर तक थे, जबकि पिछले हिस्से के बाल लंबे थे और उन्हें काटा नहीं गया था। उनमें से कइयों ने काला रंग पोत रखा था, (वे लोग केनरी द्वीप के निवासियों की रंगत से मिलते-जुलते थे, न अधिक गोरे, न अधिक काले), कुछ ने अपने शरीर पर सफेद रंग पोत

रखा था, कुछ ने केवल आँखों पर या नाक पर रंग पोत रखा था।

"उनके पास कोई हथियार नहीं था और वे हथियारों से परिचित भी नहीं थे। जब मैंने उन्हें तलवार दिखलाई तो विपरीत दिशा से उसे थामकर उन्होंने खुद को जख्मी कर लिया। ऐसा उनके अज्ञान के चलते हुआ। उनके पास लोहा नहीं था। उनके बरछे लोहे के बगैर ही बने थे, जिनके सिरे पर मछली के दाँत लगाए गए थे या कोई दूसरी चीज लगाई गई थी। वे सभी युवा थे और उनकी उम्र तीस से ज्यादा नहीं थी। वे पूरी तरह तंदुरुस्त थे और उनका व्यक्तित्व आकर्षक था। उनमें से कइयों के शरीर पर जख्म के निशान थे। मैंने इशारे से उन निशानों के बारे में पूछा तो उन्होंने बताया कि दूसरे द्वीपों से लोगों ने आकर उन्हें दास बनाने की कोशिश की थी, मगर वे लोग अपना बचाव कर पाने में सफल हुए थे। मुझे यकीन है कि हमलावार मुख्य भूमि से आए होंगे और उन्होंने स्थानीय लोगों को दास बनाने की कोशिश की होगी।

"ये लोग अच्छे सेवक बन सकते थे और मेहनत कर सकते थे, क्योंकि मैंने देखा, उनसे जो कुछ भी कहा जाता था, उन बातों को वे तेजी से दोहराते थे। मेरा मानना है कि ऐसे लोगों को आसानी से ईसाई बनाया जा सकता था, मुझे ऐसा लगा कि इन लोगों का अपना कोई धर्म नहीं था। अगर ईश्वर की मरजी होगी तो यहाँ से विदा होते हुए मैं छह दासों को अपने साथ राजा-रानी की सेवा करने के लिए ले जाऊँगा। इस तरह वे लोग बोलना सीख पाएँगे। इस द्वीप पर तोते को छोड़कर मैंने दूसरे किसी जानवर को नहीं देखा।"

इतिहासकार लास केसास का कहना है कि यह सारा ब्योरा कोलंबस ने स्वयं लिखा था। अगले दिन का ब्योरा इस प्रकार था :

"शनिवार, 13 अक्तूबर। जैसे ही सुबह हुई, द्वीप के कई लोग समुद्र तट पर पहुँच गए। सभी युवा नजर आ रहे थे, जैसा कि मैं बता चुका हूँ, वे लोग तंदुरुस्त और आकर्षक थे। उनके बाल घुँघराले नहीं, बल्कि घोड़े की पूँछ की तरह सीधे थे। उनके माथे चौड़े थे और अब तक इतने चौड़े माथे मैंने नहीं देखे थे। उनकी आँखें सुंदर और छोटी थीं और वे काले लोग नहीं थे, बल्कि उनकी रंगत केनरी द्वीप के निवासियों से

मिलती–जुलती थी। केनरी द्वीप के लोगों की तरह उन लोगों की चमड़ी का रंग था।

''वे लोग कश्ती में सवार होकर जहाज तक आए। उनकी कश्ती पेड़ के तने से लंबी नाव की तरह बनाई गई थी। इसके लिए एक तने का इस्तेमाल किया गया था और आश्चर्यजनक तरीके से निर्माण किया गया था। वह कश्ती इतनी बड़ी थी कि उसमें एक साथ चालीस या पैंतालीस लोग सवार हो सकते थे। कुछ छोटी–छोटी कश्तियाँ भी थीं, जिनमें सिर्फ एक आदमी ही सवार हो सकता था। वे एक बेलचे को पतवार बनाकर कश्ती को खेते थे और कश्ती आराम से आगे बढ़ती जाती थी। अगर वह उलट जाती तो लोग तुरंत तैरने लगते थे और कद्दू के खोल से पानी को उलीचना शुरू कर देते थे।

''वे लोग साथ आते हुए कपास के लच्छे, तोते, बरछे और कई छोटी–छोटी चीजें लेकर आए थे, जिनका उल्लेख करना मुझे अजीब लगता है। हमने उन्हें जो भी सामान दिया, उनके बदले में उन्होंने हमें ज्यादा सामान दिया।

''मैं उनसे यह जानने की कोशिश कर रहा था कि क्या उनके पास सोना भी था। मैंने कई युवाओं के नाक के छेद में लटकते हुए सोने को देखा। इशारों से मैं यह समझ पाया कि दक्षिण की तरफ एक राजा रहता था, जिसके पास प्रचुर मात्रा में सोना था। द्वीप का चक्कर लगाकर दक्षिण की तरफ जाने पर उस स्थान तक पहुँचा जा सकता था। मैंने उन लोगों से साथ चलने का अनुरोध किया, मगर मैंने पाया कि वे मेरी बात को समझ नहीं पा रहे थे।''

पहली बार खोजी गई इस भूमि को, जिसे स्थानीय लोग गुआनाहानी कहकर पुकारते थे, कोलंबस ने 'सन सल्वाडोर' कहकर पुकारा। हालाँकि विद्वानों के बीच इस बात को लेकर मतभेद रहा कि इस नाम से मशहूर द्वीप कोलंबस द्वारा खोजा गया द्वीप ही है। कुछ विद्वानों का मत है कि कोलंबस ने जिस द्वीप को खोजा, उसका नाम वेटलिंग द्वीप है। सन् 1860 में अमेरिकी नौ सेना के एडमिरल फॉक्स ने इन तमाम द्वीपों का दौरा किया और इससे जुड़े सवालों का नए सिरे से अध्ययन किया। उसने कोलंबस के यात्रा विवरण के आधार पर खोजे गए स्थान को

सुनिश्चित करने का प्रयास किया। एडमिरल फॉक्स इस नतीजे पर पहुँचा कि कोलंबस का खोजा गया द्वीप न तो सन सल्वाडोर है, न ही वेटलिंग द्वीप है, बल्कि उन्हीं द्वीपों के समूह का एक द्वीप 'समाना' है।

सोने की तलाश

"मैंने अगले दिन दोपहर तक इंतजार करने का फैसला किया, उसके बाद दक्षिण-पश्चिम की तरफ रवाना होने का निश्चय किया। स्थानीय लोगों ने मुझे बताया कि दक्षिण, दक्षिण-पश्चिम और उत्तर-पश्चिम में भी द्वीप थे और अकसर उत्तर-पश्चिम के द्वीप के लोग उनके ऊपर आक्रमण करते थे और सोना तथा कीमती पत्थर हासिल करने के लिए दक्षिण-पश्चिम की तरफ जाते थे।

"यह द्वीप काफी बड़ा और समतल है, जहाँ काफी हरे-भरे पेड़, कई छोटे जलाशय और बीच में एक बड़ी झील है। यहाँ कोई पहाड़ नहीं हैं। यहाँ इतनी हरियाली है कि देखकर सुकून मिलता है। यहाँ के लोग बड़े सीधे-सादे हैं। वे समझते हैं कि हमसे मिलनेवाली किसी भी चीज के बदले उन्हें भी अपनी कोई चीज देनी चाहिए। वे हमसे सामान लेकर पानी में कूद जाते हैं और तैरते हुए चले जाते हैं। कटोरे के टुकड़े या टूटी हुई प्यालियों के बदले भी वे अपनी चीजें हमें देते रहे हैं। मैंने पुर्तगाल में तीन सेंटीस के बदले कपास के सोलह गुच्छों को बिकते हुए देखा था। हमारे पास पच्चीस पाउंड से ज्यादा काता हुआ कपास इकट्ठा हो चुका है। मैं यह तोहफा राजा-रानी को देना चाहता हूँ।

"यहाँ कपास काफी तादाद में मिलती है, मगर मुझे तो अचरज होता है। मैंने उनके नाक में लटकते सोने को देखकर अंदाजा लगाया है कि यहाँ सोना मौजूद है। मैं समय गँवाए बगैर सिपांगो द्वीप तक पहुँचना चाहता हूँ और सोने की तलाश करना चाहता हूँ।

"अभी रात हो गई हैं और वे लोग कश्तियों में सवार होकर किनारे की तरफ चले गए हैं।

"रविवार, 14 अक्तूबर । सवेरे जहाज से नावों को पानी में उतारकर यात्रा के लिए तैयार कर दिया गया। मैं द्वीप के किनारे-किनारे उत्तर-पूर्व

की दिशा में बढ़ने लगा। मैं अन्य बंदरगाहों को देखना चाहता था और उन इलाकों के लोगों तथा बस्तियों को भी देखना चाहता था। जल्द ही मुझे दो या तीन बस्तियाँ नजर आईं। बस्तियों से निकलकर लोग समुद्र तट की तरफ आ रहे थे। वे हमें पुकार रहे थे और ईश्वर को धन्यवाद दे रहे थे, कुछ लोग हमारे लिए खाद्य सामग्री और पेयजल लेकर आए थे। जब लोगों ने हमें समुद्र तट की तरफ बढ़ते हुए नहीं देखा तो उनमें से कुछ ने समुद्र में छलाँग लगा दी और वे तैरते हुए हमारे करीब आ गए। वे संकेतों के जरिए हमसे पूछ रहे थे कि क्या हम लोग स्वर्ग से आए थे? एक बूढ़ा आदमी नाव में सवार होकर हमारे पास आया था। एक आदमी स्त्रियों और पुरुषों को जोर से पुकारते हुए कह रहा था, 'आओ, देखो, ये लोग स्वर्ग से आए हैं। इनके लिए भोजन और पानी लेकर आओ।'

"काफी तादाद में स्त्री-पुरुष आए। सभी कुछ-न-कुछ लेकर आए थे। वे ईश्वर को धन्यवाद दे रहे थे, जमीन पर लोट रहे थे और आसमान की तरफ सिर उठा रहे थे। वे चिल्लाकर हमें समुद्र तट तक आने के लिए कह रहे थे।

"मगर मुझे समुद्र तट तक जाते हुए हिचकिचाहट महसूस हो रही थी। मैंने समुद्री चट्टानों को देखा, जिनसे पूरा द्वीप घिरा हुआ था। इसकी तलहटी में इतना बड़ा बंदरगाह था, जहाँ अनेक जहाजों का आवागमन हो सकता था। इसका प्रवेश मार्ग संकीर्ण था। घेरे के भीतर कई खाली जगह थीं और यहाँ समुद्र का जलस्तर शांत था।

"सुबह के वक्त ऐसा नजारा देखकर मैं दंग रह गया। मैं राजा-रानी को सारा वर्णन लिखकर भेजने के लिए ठीक से जायजा लेना चाहता था और यह भी देखना चाहता था कि मैं किस स्थान पर दुर्ग का निर्माण कर सकता था। मैंने एक भूखंड को देखा, जो द्वीप की तरह नजर आ रहा था, हालाँकि वह द्वीप नहीं था। वहाँ छह घर थे। उस भूखंड को दो दिनों में विच्छिन्न कर एक द्वीप का रूप दिया जा सकता था। हालाँकि मैंने ऐसा करना जरूरी नहीं समझा, क्योंकि स्थानीय लोगों को हथियारों की जानकारी नहीं थी। जैसा कि राजा-रानी उन सात दासों को देखकर समझ जाएँगे, जिन्हें मैं अपनी भाषा सिखाकर वापस यहाँ भेजने के लिए अपने

साथ लेकर जानेवाला हूँ। अगर राजा-रानी की मरजी होगी तो सभी को केसटाइल भेजा जा सकेगा या द्वीप पर ही बंदी बनाकर रखा जा सकेगा। महज पचास लोगों का समूह साथ लेकर इन लोगों को दास बनाकर रखा जा सकता है।

''द्वीप पर पेड़ों की जो कतारें हैं, अत्यंत खूबसूरत नजर आती हैं। यहाँ ऐसी हरियाली है, जैसी हरियाली अप्रैल और मई महीने में केसटाइल में नजर आती है। यहाँ काफी मात्रा में पानी उपलब्ध है।

''मैंने बंदरगाहों का अच्छी तरह मुआइना किया और फिर जहाज पर लौटकर नए सिरे से सफर शुरू किया। मुझे इतने सारे द्वीप दिखाई देने लगे कि मैं तय नहीं कर पाया कि पहले किस द्वीप पर जाना चाहिए। जिन स्थानीय लोगों को मैं अपने साथ लेकर चल रहा था, उन लोगों ने इशारे से बताया कि इतने सारे द्वीप हैं कि उनकी गिनती नहीं की जा सकती, उन्होंने जो नाम सुनाए, वे सौ से ज्यादा थे। आखिरकार मैंने सबसे बड़े द्वीप पर जाने का फैसला किया। मैं उसी दिशा में बढ़ता जा रहा हूँ। सन सल्वाडोर से उस द्वीप की दूरी पाँच लीग होगी। दूसरे कुछ द्वीपों से उसकी दूरी कम या ज्यादा हो सकती है। सारे द्वीप सपाट हैं, वहाँ कोई पहाड़ नहीं है, उर्वर जमीन है और हरेक द्वीप पर मानव आबादी बसी हुई है। वे लोग आपस में लड़ते रहते हैं, हालाँकि वे अत्यंत सहज-सरल और सेहतमंद हैं।''

सोमवार, 15 अक्तूबर को कोलंबस उस द्वीप पर पहुँचा, जहाँ जाने का उसने निर्णय किया था। एक अंतरीप में पहुँचकर सूर्यास्त के समय उसने जहाज को रोक लिया। उसने द्वीप का नाम सांता मारिया रखा।

बाद में यह द्वीप कैको डोल नोर्टे के नाम से मशहूर हुआ।

''सूर्यास्त के समय मैं अंतरीप के पास सोने के बारे में पता लगाने के लिए रुका। जिन लोगों को मैं सन सल्वाडोर से अपने साथ लेकर आया था, उन्होंने बताया कि वहाँ के निवासी हाथ-पाँव में सोने के गहने पहनते थे मुझे लगा कि भागने के लालच में वे लोग झूठ बोल रहे थे, लेकिन द्वीप पर अधिकार किए बिना मैं आगे बढ़ने के लिए तैयार नहीं था।

''मैंने जहाज रोक दिया। मंगलवार की सुबह मैं सशस्त्र नावों के

साथ समुद्र तट तक गया और नाव से नीचे उतरा।

"सन सल्वाडोर के निवासियों की तरह ही इस द्वीप के निवासी भी नग्न नजर आ रहे थे। उन्होंने द्वीप तक आने में हमारे सामने किसी तरह की रुकावट नहीं डाली और हमने जो भी माँगा, उन्होंने हमें दिया।

"हम लोग बड़ी नाव में सवार होकर नीना जहाज की तरफ बढ़ रहे थे। जब हम जहाज पर पहुँच गए, तब अचानक सन सल्वाडोर से साथ आए एक व्यक्ति ने छलाँग लगा दी और नाव में सवार होकर तेजी से भागने लगा। आधी रात तक सन सल्वाडोर का दूसरा व्यक्ति भी जहाज से कूदकर भाग गया। दोनों किनारे तक पहुँचकर गायब हो गए। खाली नाव किनारे पर खड़ी थी।

"उस नाव को नीना जहाज तक लाया गया। उसी समय एक छोटी नाव में सवार होकर एक आदमी हमारी तरफ आया। वह कपास के लच्छे लेकर आया था, जिसके बदले वह हमसे हमारी चीजें लेना चाहता था। वह जहाज में आने के लिए तैयार नहीं था। कुछ मल्लाह पानी में कूद पड़े और उसे पकड़कर मेरे पास लेकर आए। मैंने उसे लाल टोपी और काँच की घंटियाँ दीं। दो घंटियाँ मैंने उसके कानों में पहना दीं। मैंने उसकी नाव लौटा देने का निर्देश दिया और वह समुद्र तट की तरफ लौट गया।

"अब मैं पश्चिम की तरफ एक और बड़े द्वीप के पास पहुँचा। मैंने वहाँ उस आदमी को देखा जिसे मैंने लाल टोपी और काँच की घंटियाँ दी थीं (और उसके अनुरोध को अनसुना कर मैंने कपास के लच्छे लेने से इनकार कर दिया था), उसने द्वीप के लोगों से हमारी तारीफ की थी और कहा था कि हम भले लोग थे और जो आदमी हमें छोड़कर भाग गए थे, उन्होंने हमें तकलीफ पहुँचाई थी। यही सोचकर उन्होंने दोनों व्यक्तियों को पकड़कर हमारे सामने पेश किया। मैंने दोनों को रिहा करने का आदेश दिया। मैंने ऐसा इसलिए किया, ताकि उन लोगों के मन में हमारी उदार छवि बने और अगली बार यहाँ आने पर वे हमारे साथ मैत्रीपूर्ण व्यवहार करें। मैंने उन्हें जो भी चीजें दीं, उनकी कीमत चार मार्वेडीस से ज्यादा नहीं रही होगी।"

कोलंबस दस बजे 'बड़े द्वीप' की तरफ रवाना हुआ, जिसका

उल्लेख उसने यात्रा विवरण में किया है। इस द्वीप का नाम उसने 'फर्नांडिना' रखा, जहाँ वह इंडियन दासों की सहायता से सोना ढूँढ़ना चाहता था। सांता मारिया और फर्नांडिना द्वीप के बीच उसने एक आदमी को नाव पर सवार होकर जाते हुए देखा, जो एक द्वीप से दूसरे द्वीप की तरफ जा रहा था।

''वह अपने साथ बड़े आकार की रोटी, पीने का पानी और कुछ सूखे पत्ते लेकर जा रहा था। ऐसे सूखे पत्ते मुझे सन सल्वाडोर के लोगों ने तोहफे के तौर पर दिए थे। मुझे लगता है कि ये पत्ते उन लोगों के लिए काफी अहमियत रखते हैं। मैंने उसके पास काँच की घंटियाँ भी देखीं। मैं समझ गया कि वह सन सल्वाडोर द्वीप से आ रहा था। वह जहाज के पास आया। मैंने उसे ऊपर बुला लिया और उसकी नाव भी जहाज पर रखवा दी। मैंने उसे रोटी और शहद परोसने का हुक्म दिया, साथ ही पेय पदार्थ भी देने के लिए कहा।''

जिन सूखे पत्तों का जिक्र किया गया है वे शायद तंबाकू थे।

''मैं उसे अपने साथ फर्नांडिना लेकर जाऊँगा, जहाँ नाव और अन्य सामान लौटाकर उसे प्रभावित करने की कोशिश करूँगा। वह लोगों से हमारी प्रशंसा करेगा। ऐसी स्थिति में राजा-रानी जिसे भी यहाँ भेजेंगे, उनकी अच्छी तरह खातिरदारी की जाएगी और ये लोग अपना सबकुछ हमें दे देंगे।''

कोलंबस फर्नांडिना द्वीप की तरफ बढ़ता रहा। बाद में इस द्वीप का नाम इनागुआ चिका रखा गया। दिन भर वह यात्रा करता रहा और फिर रात हो गई। उसने रात भर इंतजार किया। सुबह के समय तक बस्ती के पास उसने बेड़े को रोका। एक दिन पहले जिस व्यक्ति को पकड़ा गया था, वह बस्ती में चला गया। उसने लोगों से कोलंबस की इतनी तारीफ की कि दिन भर लोग तरह-तरह के तोहफे लेकर उसके पास आने लगे। कोलंबस ने प्रत्येक द्वीपवासी को कोई तोहफा देने का आदेश दिया और उनकी खातिरदारी शहद और रोटी खिलाकर की गई। उसने पेयजल लाने के लिए एक नाव को किनारे तक भेजा। स्थानीय लोगों ने पात्र में पेयजल भरकर लाने में मल्लाहों की सहायता की।

''ये लोग अन्य द्वीपों के लोगों की तरह ही हैं। इनकी वेशभूषा और परंपरा भी एक जैसी है। सिर्फ एक फर्क है, ये लोग मुझे अधिक घरेलू प्रजाति के और अधिक बुद्धिमान लगते हैं। मैंने इस द्वीप में कपास से लबादे की तरह बनाए गए कपड़े भी देखे।

''यह अत्यंत हरा-भरा और सपाट द्वीप है, जो अत्यंत उर्वर है। यहाँ के लोग साल भर पेनीजो नामक फसल उपजाते हैं। इसी तरह दूसरी चीजें भी यहाँ प्रचुर मात्रा में उपलब्ध हैं। मैंने अनगिनत पेड़ देखे, जिनकी बनावट हम लोगों के इलाके के पेड़ों से अलग थी। उनकी शाखाएँ अलग-अलग किस्म की थीं। एक टहनी से दूसरी भिन्न नजर आती थी। उनकी बनावट इस कदर विचित्र थी कि उन्हें संसार का अजूबा कहा जा सकता है। किसी टहनी के पत्ते बेंत के आकार के हैं तो किसी दूसरी टहनी के पत्ते फूल के आकार के हैं। प्रत्येक पेड़ में इस तरह की पाँच या छह टहनियाँ मौजूद हैं। ऐसा भी नहीं कि किसी ने इनकी छँटाई करके इनकी बनावट में किसी तरह का बदलाव किया हो, ऊँचे स्थानों पर ऐसे पेड़ उगते हैं और स्थानीय लोग ऐसे पेड़ों की परवाह नहीं करते।

''यहाँ की मछलियाँ हम लोगों के इलाके की मछलियों से बिल्कुल भिन्न किस्म की हैं। कुछ तो मुर्गियों की तरह रंगीन हैं—नीली, पीली, लाल और तमाम रंगोंवाली। अन्य मछलियाँ भी खूबसूरत दिखाई देती हैं। इनका चटख रंग इस कदर आकर्षक है कि जो भी देखेगा, वह दंग रह जाएगा। ऐसी मछलियों को देखते रहना अच्छा लगता हैं। यहाँ ह्वेल मछलियाँ भी नजर आती हैं। तटवर्ती इलाके में मुझे कोई वन्यजीव दिखाई नहीं पड़ा। मैंने सिर्फ तोतों और गिलहरियों को देखा। एक लड़के ने मुझे बताया कि उसने एक लंबे साँप को देखा था। न तो भेड़ नजर आई, न ही बकरी। इसी तरह अन्य जानवर भी नजर नहीं आए, हालाँकि मैं यहाँ कम समय ही ठहरा था, लगभग आधा दिन, लेकिन अगर कोई जानवर होता तो वह जरूर नजर आता।''

बुधवार, 17 अक्तूबर की दोपहर वह जहाज पर लौट आया और द्वीप के इर्द-गिर्द चक्कर लगाने की तैयारी करने लगा। वह दक्षिण और दक्षिण-पूरब की तरफ जाना चाहता था, मगर पिंटा जहाज के कप्तान

मार्टिन एलोनसो पिनजोन को जहाज पर मौजूद एक इंडियन ने बताया कि उत्तर-पश्चिम की दिशा में आगे बढ़ना अधिक सुविधाजनक हो सकता था। हवा भी उस दिशा में अनुकूल बह रही थी, इसलिए कोलंबस ने इंडियन की सलाह मान ली। दो लीग आगे बढ़ने पर उसे एक बेहतर बंदरगाह मिला, जहाँ उसे मैत्रीपूर्ण भाव दरशा रहे कुछ इंडियन नजर आए। उसने कुछ मल्लाहों को पानी लाने के लिए किनारे तक भेजा। वह लिखता है, ''इस दौरान मैं पेड़ों की सुषमा को निहार रहा था। ये पेड़ अत्यंत खूबसूरत नजर आ रहे थे। हमारे इलाके के पेड़ों की तुलना में ये पेड़ पूरी तरह भिन्न थे। एंडालु सिया में मई के महीने में जैसी हरियाली नजर आती है, वैसी ही हरियाली यहाँ नजर आ रही थी। फल, वनस्पतियाँ, दुर्लभ पत्थर आदि चीजें भी भिन्न नजर आ रही थीं। कुछ पेड़ों की आकृति केसटाइल के कुछ पेड़ों से मिलती-जुलती थी, मगर फिर भी अंतर साफ नजर आता था। वहीं ज्यादातर पेड़ ऐसे थे, जो मैंने जीवन में पहली बार देखे थे।

''पानी लानेवाले मल्लाहों ने मुझे बताया कि द्वीप के लोगों के घर काफी साफ-सुथरे हैं, उनके बिछौने कपास से बने हैं। उनके घर पैवेलियन की तरह हैं, जो ऊँचे हैं और जिनमें आकर्षक चिमनियाँ भी हैं।''

ऐसी चिमनी को 'हमाकास' कहा जाता है।

लास केसास ने लिखा है कि धुएँ को बाहर निकालने के लिए ऐसी चिमनियाँ नहीं बनाई जाती थीं, बल्कि सजावट के लिए इनका निर्माण किया जाता था।

''मैंने जितनी भी बस्तियाँ देखीं, मुझे कहीं भी बारह या पंद्रह से ज्यादा घर नजर नहीं आए। उनके पास कुत्ते भी थे। उनके बीच एक आदमी ऐसा होता था, जो नाक में सोने का टुकड़ा पहनता था, जिस टुकड़े पर कोई निशान बना रहता था। मैं उस टुकड़े के बदले में उन्हें ज्यादा-से-ज्यादा उपहार देने के लिए तैयार था, मगर वे वह टुकड़ा देने के लिए तैयार नहीं हुए। जब मैंने इसका कारण पूछा तो उन्होंने बताया कि वे सोने का टुकड़ा देने की हिमाकत नहीं कर सकते थे।

''मैं उत्तर-पश्चिम की दिशा में बढ़ता रहा फिर पूरब-दक्षिण, पूरब

और दक्षिण-पूरब की दिशा में रुख बदलता रहा। मौसम बोझिल था। लग रहा था कि बारिश होनेवाली है। जब से मैं इस इलाके में आया, बारिश कम ही हुई थी।''

शुक्रवार, 19 अक्तूबर को कोलंबस ने एक जहाज को पूरब और दक्षिण-पूरब की दिशा में और दूसरे जहाज को दक्षिण तथा दक्षिण-पूरब की दिशा में रवाना कर दिया। वह स्वयं सांता मारिया जहाज पर सवार होकर दक्षिण-पूरब की दिशा में रवाना हुआ। उसने दोनों जहाजों के कप्तानों को आदेश दिया था कि आगे बढ़ते हुए दोपहर तक वे अपने जहाज को उसके जहाज के पास लेकर आ जाएँ। पूरब में एक द्वीप के पास दोनों जहाज उसके जहाज के पास आ गए। कोलंबस ने उस द्वीप का नाम 'इसाबेला' रखा। इंडियन उस द्वीप को 'साओमेटे' कहकर पुकारते थे, बाद में इसे इनागुआ ग्रांडे कहकर पुकारा जाने लगा।

''समुद्र तट और द्वीप के जिन हिस्सों को मैंने देखा, वे सपाट नजर आ रहे थे। यह द्वीप मुझे बहुत खूबसूरत लगा, वैसे दूसरे द्वीप भी कम खूबसूरत नहीं हैं।

उसने एक अंतरीप के पास बेड़े को रोका। उसने अंतरीप का नाम 'करबो फरमोसो' रखा, जिसका अर्थ होता है—सुंदर अंतरीप। उसने लिखा—''चारों तरफ हरियाली और कुदरत की खूबसूरती थी। ऐसे द्वीपों पर पहुँचकर मैं तय नहीं कर पाता कि सबसे पहले मुझे किधर जाना चाहिए, न ही खूबसूरत दृश्यों की तरफ से नजरें हटा पाता हूँ, जो हमारे इलाके के दृश्यों से बिल्कुल भिन्न नजर आते हैं। मुझे लगता है कि यहाँ मौजूद कई पेड़ों और वनस्पतियों का इस्तेमाल स्पेन में औषधि बनाने और दूसरे कामों के लिए किया जा सकता है, मगर मैं उन्हें ठीक से नहीं पहचानता, इस बात का मुझे गहरा अफसोस है। मैं जैसे ही इस अंतरीप में पहुँचा, मैंने फूलों की मादक गंध को महसूस किया। इससे अधिक खूबसूरत चीज दुनिया में और क्या हो सकती है।''

उसने सुना था कि द्वीप के भीतरी इलाके में एक राजा रहता था, जो कपड़े के साथ-साथ भारी मात्रा में सोने के गहने पहनता था। कोलंबस सोच रहा था कि कम मात्रा में सोना पहननेवाले इंडियन लोगों ने जब राजा

को गहने पहने हुए देखा होगा तो ठीक ही समझा होगा कि उसके पास ढेर सारा सोना होगा। उसने अगले दिन राजा से मिलने की योजना बनाई, मगर अगले दिन वह आगे नहीं बढ़ पाया। चूँकि उसे पानी अनुकूल नहीं लगा और हवा की मंद रफ्तार के कारण सफर कर पाना संभव नहीं लगा। हवा सिर्फ रात में तेजी से बहती थी।

रविवार 21 अक्तूबर की सुबह वह पश्चिम की तरफ बढ़कर रुका। भोजन करने के बाद वह द्वीप पर पहुँचा। उसने वहाँ केवल एक घर देखा। उस घर के निवासी वहाँ से भाग चुके थे। कोलंबस ने अपने लोगों से कहा कि वे किसी भी चीज को हाथ न लगाएँ। उसने द्वीप के सौंदर्य का वर्णन करते हुए लिखा है कि वहाँ का नजारा बाकी दूसरे द्वीपों की तुलना में ज्यादा खूबसूरत था। उसने लिखा है—"पंछियों की चहचहाहट सुनकर कोई भी मनुष्य ऐसे मनोरम स्थान को छोड़कर कभी नहीं जाना चाहेगा। यहाँ विभिन्न प्रजातियों के पंछी पाए जाते हैं। इसी तरह हजारों प्रकार के वृक्ष हैं, जो फलों से लदे हुए हैं। चारों तरफ मोहक खुशबू फैली हुई है। यह मेरा दुर्भाग्य है कि मैं इन पेड़-पौधों के नाम नहीं जानता।"

इन लोगों ने द्वीप पर स्थित एक झील में एक साँप को मारा। लास केसास ने इस द्वीप को 'गुआना' कहकर पुकारा है।

क्यूबा की खोज

वह उस राजा को देखना चाहता था, जिसके बारे में इंडियन लोगों ने उसे बताया था और इसके लिए उसे दूसरे बड़े आकार के द्वीप में जाना था। यह जरूर सिपांगो होगा, जिसे वे लोग 'कोलबा' कहकर पुकारते हैं। संभवत: लिखावट की गलती से उसने क्यूबा का जिक्र कोलबा के रूप में किया। वह लिखता है—"उसे दूसरे द्वीप पर भी जाना है, जिसे वे लोग बोसियो (संभवत: बोहियो) कहकर पुकारते हैं। रास्ते में मिलनेवाले अन्य द्वीपों को भी देखना है। मुझे हर हालत में मुख्य भूमि तक जाना है और किसेगर पहुँचकर राजा-रानी का खत ग्रेट खान को देना है और उसका जवाब लेकर लौटना है।"

वह इस द्वीप पर 22 और 23 अक्तूबर को रहा। पहले वह राजा

का इंतजार करता रहा, जो नजर नहीं आया, फिर वह अनुकूल मौसम का इंतजार करता रहा। उसने लिखा, ''इन द्वीपों के बीच समुद्री-यात्रा करने के लिए कई तरह की हवा की जरूरत होती है और हवा इनसान की मरजी से अपना मिजाज नहीं बदलती।'' तेईस और चौबीस के बीच आधी रात के वक्त वह क्यूबा की दिशा में रवाना हो गया।

''मैंने लोगों से सुना कि वह द्वीप आकार में बहुत बड़ा था। वहाँ सोना और वनस्पतियों का प्रचुर भंडार था। काफी जहाज और सौदागर थे। इंडियन लोगों ने मुझे सलाह दी कि मुझे पश्चिम और दक्षिण-पश्चिम दिशा में जाना चाहिए। मुझे यह सलाह सही लगी। मेरे साथ जहाज में चल रहे इंडियन लोगों की बोली मैं नहीं समझ पा रहा था, मगर उनके संकेतों को समझ रहा था। यह द्वीप जरूर सिपांगो द्वीप ही है, जिसके बारे में मैं कमाल की बातें सुनता रहा और मानचित्रों पर भी देखता रहा हूँ।''

पुराने भूगोलविद् जापान को 'सिपांगो' कहकर पुकारते थे।

अगले दिन उन लोगों ने सात या आठ द्वीपों को देखा। 26 अक्तूबर को उसने दक्षिण दिशा में बेड़े को रोका, अगले दिन वह फिर क्यूबा की ओर रवाना हो गया।

रविवार, 28 अक्तूबर को वह वहाँ पहुँच गया। उसने उस द्वीप का नाम प्यूरेटो डि सन सल्वाडोर रखा। वह खूबसूरत दृश्य देखकर अभिभूत हो गया।

□

क्यूबा आगमन

जब कोलंबस ने समुद्र तट से कुछ दूरी पर अपने बेड़े को रोका तो उसने द्वीप पर बेहतरीन घरों को देखा, जिनका आकार पैवेलियन की तरह बड़ा था। घरों की साफ-सफाई प्रभावित करनेवाली थी। घरों का निर्माण सड़क के किनारे नहीं किया गया था, बल्कि जहाँ-तहाँ घर बनाए गए थे। इन घरों का निर्माण पाम की इमारती लकड़ियों से किया गया था। उसे वहाँ ऐसे कुत्ते नजर आए, जो बिल्कुल नहीं भौंकते थे। पंछियों को पिंजड़े में बंद कर घरों के सामने लटकाकर रखा गया था। मछली पकड़ने के लिए जाल, बंसी और दूसरे उपकरणों को सजाकर रखा गया था। वहाँ मुखौटे और अन्य चित्र भी नजर आ रहे थे। वहाँ के निवासी भाग गए थे। उसने अपने लोगों को निर्देश दिया कि वे किसी भी चीज को हाथ नहीं लगाएँ।

वह यात्रा करते हुए उत्तर-पश्चिम की तरफ गया, जहाँ एक अंतरीप को देखा, जिसका नाम उसने केबो डि पालमास रखा। पिंटा जहाज पर मौजूद लोगों ने बताया कि इस अंतरीप के बाद एक नदी मिलती थी और वहाँ से चार दिनों का सफर तय करने पर 'क्यूबा' पहुँचा जा सकता था। वे अभी क्यूबा द्वीप के इर्द-गिर्द ही दो या तीन दिन से चक्कर लगा रहे थे। वहीं पिंटा जहाज के कप्तान मार्टिन पिनजोन का मानना था कि क्यूबा किसी ऐसे नगर का नाम था, जो द्वीप नहीं था बल्कि मुख्य भूमि का नाम

था, जो उत्तर की तरफ दूर तक फैला हुआ था। मरते दम तक कोलंबस क्यूबा को मुख्य भूमि ही समझता रहा।

मार्टिन पिनजोन का यह भी मानना था कि उस भूमि के राजा को ग्रेट खान के साथ युद्ध लड़ना पड़ रहा था, जिसे वे लोग 'कारमी' कहकर पुकारते थे। एडमिरल उस नदी की तरफ जाना चाहता था, जिसके बारे में उसे इंडियन लोगों ने बताया था। वह अपने राजा का खत वहाँ के राजा ग्रेट खान के पास भेजना चाहता था। वह गुइना में रह चुके एक मल्लाह और गुआनाहानी के कुछ इंडियन की मार्फत खत को भेजना चाहता था। संभवत: कारमी नाम सुनकर वह उत्साहित हो गया था और उसे यकीन हो गया था कि वह सचमुच ग्रेट खान के करीब पहुँच चुका था।

वह अपने संदेशवाहकों को तुरंत नहीं भेज पाया, क्योंकि मौसम अनुकूल नहीं था। वह उसी बस्ती की तरफ लौट गया, जहाँ वह दो दिन पहले गया था।

एक बार फिर उसने देखा कि लोग भाग गए थे, मगर कुछ देर बाद सभी लौटकर आ गए थे, एडमिरल ने अपने साथ गए एक इंडियन को समुद्र तट पर भेजा। उसने स्थानीय निवासियों से चिल्लाकर कहा

कि घबराने की कोई बात नहीं थी, आगंतुक भले लोग थे, वे किसी को नुकसान नहीं पहुँचानेवाले थे। वे ग्रेट खान के आदमी भी नहीं थे, वे तो उन लोगों को उपहार देने के लिए आए थे। वे पहले भी कई द्वीपों में उपहारों का वितरण कर चुके थे। ऐसा सुनने पर दो स्थानीय निवासी उसे पकड़कर घर के भीतर ले गए और उससे कई सवाल पूछे। जब वे जवाब सुनकर आश्वस्त हो गए तो वे नाव में सवार होकर जहाज तक आए। वे अपने साथ कपास के लच्छे और दूसरी चीजें लेकर आए थे, मगर एडमिरल ने अपने लोगों से कहा कि उनसे कोई सामान नहीं लेना है। इस तरह उन लोगों को समझाया जा सकता है कि उसे सिर्फ सोना चाहिए, जिसे स्थानीय बोली में 'नूके' कहा जाता था।

उसने किसी के पास सोना नहीं देखा, मगर एक आदमी ने नाक में चाँदी का छल्ला पहन रखा था। उन लोगों ने इशारे से बताया कि तीन दिनों के भीतर दूर देश के व्यापारी स्पेनियाड्र्स के साथ व्यापार करने के लिए आएँगे और वे राजा का समाचार भी लेकर आएँगे। उनके संकेतों के अनुसार, चार दिनों का सफर तय करके राजा तक पहुँचा जा सकता था। कोलंबस ने लिखा, "यह निश्चित हो गया कि यह मुख्यभूमि है और मैं जायटों और किनसे के करीब हूँ, दोनों से मेरी दूरी एक सौ लीग के आसपास होगी और ऐसा लहरों को देखकर भी पता चलता है, जिनके स्वरूप में परिवर्तन साफतौर पर नजर आता है और कल जब मैं उत्तर-पश्चिम की तरफ गया तो पानी को काफी ठंडा पाया।"

कोलंबस यह मानकर चल रहा था कि वह जापान के पास पहुँच चुका था, जिसे सिपांगो कहकर पुकारा जाता था। वह क्यूबा के उत्तरी छोर की तरफ बढ़ता गया, फिर वह पूरब की तरफ लौटा। स्थानीय लोगों ने उसे बताया था कि बेबीगू नामक द्वीप के लोग सोने को तोड़ने के लिए हथौड़े का इस्तेमाल करते थे। समुद्र किनारे रात के वक्त मोमबत्ती जलाकर सोने का संग्रह किया जाता था।

इसी दौरान उसने जहाजों को समुद्र तट के पास मरम्मत के लिए रोक दिया। 2 नवंबर को उसने दो अधिकारियों और एक गुआनाहानी इंडियन को द्वीप के अंदरूनी इलाके में भेज दिया। एक अधिकारी यहूदी था, जो

चालडी, हिब्रू और अरबी भाषाएँ जानता था। कोलंबस को उम्मीद थी कि द्वीप पर कोई व्यक्ति इनमें से एक भाषा में बात करने में सक्षम हो सकेगा।

वे लोग 5 और 6 नवंबर के बीच आधी रात को लौटकर आए। बारह लीग आगे जाने पर उन्हें एक गाँव मिला था, जहाँ शिविर के अंदाज में पचास घर बने हुए थे। इस गाँव में तकरीबन एक हजार लोग रहते थे। ग्रामीणों ने आगंतुकों की खूब खातिरदारी की और यही समझा कि वे लोग स्वर्ग से भेजे गए थे।

आगंतुकों को बाँहों में भरकर उन लोगों ने सबसे अच्छे घर में आसन पर बैठाया था। बाकी ग्रामीण उनके सामने जमीन पर घेरा बनाकर बैठ गए थे। उन लोगों ने आगंतुकों के हाथ-पाँव को चूमा था और छूकर तसल्ली की थी कि वे लोग सचमुच हाड़-मांस से बने मनुष्य थे या नहीं।

सिगार और तंबाकू

इस गाँव में कोलंबस के अधिकारी ने लोगों को सिगार पीते हुए देखा और लिखा, ''यहाँ के लोग जलते हुए कोयले को अपने साथ लेकर चलते हैं, जिससे मुँह से लगाकर जलती हुई वनस्पति का धुआँ अंदर खींचते हैं।'' वहीं लास केसास ने लिखा है कि कोलंबस के संदेशवाहकों ने देखा कि सूखी हुई पत्तियों को दूसरे सूखे हुए पत्ते के भीतर लपेटकर रखा गया था। उसे मरोड़कर सिगार की शक्ल देकर एक तरफ से सुलगाया जाता था और दूसरी तरफ से कश खींचा जाता था। इसे पीकर लोगों को नशा हो जाता था और वे चैन की नींद सो जाते थे।

11 नवंबर को जहाजों की मरम्मत का कार्य पूरा हो गया।

11 नवंबर से पहले रविवार को कोलंबस ने लिखा, ''वह उस गाँव से कुछ लोगों को राजा के पास ले जाना चाहता था, ताकि वे हमारी भाषा सीख सकें, बाहर की दुनिया को समझ सकें और धर्मांतरित होकर अपने द्वीप पर लौट सकें। इस तरह वे हमारी परंपरा को अपना सकते हैं और प्रचारित कर सकते हैं। मैंने देखा है और मैं जानता हूँ कि इन लोगों का अपना कोई धर्म नहीं है और ये किसी इष्टदेव की उपासना भी नहीं करते। ये लोग भोले-भाले हैं, दूसरों को नुकसान पहुँचाना या हत्या करना नहीं

जानते। इन्होंने बुराई का अर्थ भी ठीक से नहीं समझा है। इनके पास किसी प्रकार का हथियार नहीं है और हमारा एक आदमी उनके दस लोगों को आसानी से नियंत्रित कर सकता है। हालाँकि ये लोग यकीन रखते हैं कि ईश्वर स्वर्ग में रहता है और वे मानते हैं कि हम लोग जरूर स्वर्ग से आए हैं। वे हमारे कहने पर किसी भी प्रार्थना में शामिल होने के लिए तैयार हो सकते हैं और हमें देखकर वे भी सलीब का निशान बनाते हैं।

"इसलिए मैं राजा-रानी से अनुरोध करना चाहता हूँ कि इन लोगों को ईसाई धर्म में दीक्षित करवाने की व्यवस्था करें। मेरा विश्वास है कि धर्मांतरण की यह प्रक्रिया शुरू होगी तो कम समय के भीतर ही काफी लोग ईसाई बन जाएँगे। इस बात में कोई संदेह नहीं कि इन द्वीपों में भारी मात्रा में सोना मौजूद है। जिन इंडियन लोगों को मैं अपने साथ लेकर चल रहा हूँ, उनका कहना है कि द्वीपों में ऐसे कई स्थान हैं, जहाँ स्थानीय निवासी सोने की खुदाई करते हैं और गहने पहनते हैं। ये लोग गले में, कान और हाथ-पाँव में सोना पहनते हैं। सोने के गहने काफी भारी होते हैं।

"इसके अलावा कीमती पत्थर, रत्न और दुर्लभ वनस्पतियों की यहाँ भरमार है, रियो डि मारेस में, जहाँ से मैं पिछली रात रवाना हुआ, भारी तादाद में मस्तंगी मौजूद हैं, जिन्हें दूसरे द्वीपों पर भी ढूँढ़ा जा सकता है। यहाँ से जड़ों को ले जाकर कई विलक्षण पेड़ लगाए जा सकते हैं। इनके पत्ते अत्यंत आकर्षक होते हैं और पेड़ फलों से लद जाते हैं। बड़े आकार के ऐसे फलों का वर्णन पलानी ने भी किया था और मैंने आर्कीपेलेगो के चीओप द्वीप में ऐसे फलों को देखा था।

"मैंने इन पेड़ों का राल निकालने का प्रयास किया है। जब मैं नदी के मुहाने के पास द्वीप में था तो बारिश के दौरान ही मैंने एक पेड़ का राल निकाला, जो मैं राजा-रानी के पास लेकर जाऊँगा, जब शरतकाल के बीतने पर इन पेड़ों में फूल खिलेंगे तो मैं फूल तोड़ने का भी प्रयास करूँगा।"

सिपांगो और ग्रेट खान

"मुझे ऐसा लगता है कि यहाँ प्रचुर मात्रा में कपास मिलता है और मुझे यकीन है कि कपास को स्पेन न ले जाकर यहीं बेचा भी जा सकता

है। इनकी बिक्री ग्रेट खान के नगरों में की जा सकती है। मुझे विश्वास है कि उन नगरों को खोज पाना संभव हो सकेगा। इसके अलावा अन्य शासकों के नगरों का भी पता लगाया जा सकेगा, जो हमारे राजा-रानी की सेवा कर सकेंगे। यहाँ उन्हें स्पेन के अन्य उत्पाद दिए जा सकेंगे और पूरब-पश्चिम का संगम हो पाएगा।

''यहाँ चारों तरफ अगरू नजर आते हैं, हालाँकि यह ऐसी चीज नहीं जिसका खासतौर पर उल्लेख किया जाए, लेकिन मस्तंगी पर विचार किया जा सकता है, क्योंकि यह चीओप द्वीप के सिवा कहीं नहीं मिलती। मैं जानता हूँ कि उस द्वीप के लोग मस्तंगी को बेचकर पचास हजार डुकेट्स कमाते हैं और यहाँ जो बंदरगाह मैंने देखा है, वह हर मायने में उम्दा बंदरगाह कहा जा सकता है। यह गहरा भी है और यहाँ आसानी से पहुँचा भी जा सकता है। मुझे लगता है कि यहाँ बड़ा नगर बसा पाना आसान होगा।''

कोलंबस के यात्रा विवरण में दर्ज किए गए उसके विचार रोचक और महत्त्वपूर्ण हैं, क्योंकि उनके जरिए यात्रा के समय उसके मनोभावों का अंदाजा लगाया जा सकता है। बाद में अपनी गलतफहमी का पता चलने पर भी उसने कभी उनको संशोधित करने की जरूरत नहीं समझी, क्योंकि जिस समय वह क्यूबा में था, उसे कभी ग्रेट खान नहीं मिल पाया, मगर उस समय की अपनी उम्मीदों को उसने बाद में संशोधित नहीं किया।

क्यूबा से हाइती की ओर

बहामास से दक्षिण-पश्चिम दिशा में यात्रा करते हुए उत्तरी दिशा में उसने द्वीप की खोज की। 11 नवंबर से 6 दिसंबर तक वह उत्तरी समुद्र तट की दिशा में बढ़ता रहा—यानी पूरब की तरफ लौटता रहा और वह उस चैनल तक पहुँच गया, जो क्यूबा को हाइती से अलग करता था।

□

द्वीप पर दुर्ग और कॉलोनी का निर्माण

समुद्र तट और बंदरगाह

पहले वे पूरब की दिशा में बढ़े, फिर दक्षिण-पूरब की ओर बढ़े और 16 नवंबर को पोर्टोप्रिंस पहुँचकर पताका लहराते हुए उस पर कब्जा कर लिया। पोर्टोप्रिंस में कोलंबस यह देखकर दंग रह गया कि एक चट्टान के ऊपर दो लकड़ियाँ सलीब के रूप में खड़ी थीं। उसने लिखा, ''कोई बढ़ई दस दिन में भी इतना शानदार सलीब नहीं बना सकता था।''

19 तारीख को वे उत्तर और उत्तर-पूरब की ओर बढ़ रहे थे, 21 तारीख को वे दक्षिण की तरफ बढ़े, फिर दक्षिण-पश्चिम की ओर बढ़े। वे 'बाबीक' द्वीप की तलाश कर रहे थे, जिसके बारे में इंडियन लोगों ने बताया था कि वहाँ प्रचुर मात्रा में सोना उपलब्ध था। उसी दिन पिनजोन पिंटा जहाज लेकर दूसरी दिशा में रवाना हो गया और एक महीने से अधिक वक्त गुजर जाने पर ही कोलंबस की उससे मुलाकात हो पाई।

कोलंबस ने क्यूबा और आसपास के द्वीपों के विभिन्न हिस्सों का स्पर्श किया। वह मोतियों, रत्नों और सोने की तलाश करता रहा था, मगर उसे कामयाबी नहीं मिल पा रही थी। वह बोहियो द्वीप की खोज करने का निश्चय कर चुका था, जबकि उसके साथ चल रहे इंडियन बोहियो का नाम सुनकर ही आंतकित हो उठते थे। उनका कहना था कि

उस द्वीप के लोगों की एक ही आँख होती थी, जो माथे के मध्य में होती थी। वे हथियारों से लैस होते थे तथा अपने बंदियों का भक्षण करते थे।

वह मोआ की खाड़ी में रुका, फिर समुद्र तट के करीब हुए केपो डेल पिको की दिशा में बढ़ता गया। इस जगह को अब केप वैक्ज कहा जाता है। प्यूरेटो सेंटो में खराब मौसम की वजह से उसे कुछ दिनों तक रुकना पड़ा। 4 दिसंबर को वह पूरब दिशा की तरफ रवाना हो गया और अगले दिन उसे हाइती की पहाड़ियाँ दिखाई देने लगीं। यह वही बोहियों द्वीप था, जिसकी वह तलाश कर रहा था।

हाइती की खोज

6 दिसंबर को वे क्यूबा के पूर्वी अंतरीप को पार कर उस द्वीप के उत्तर- पश्चिमी हिस्से में पहुँचे, जिसे हाइती या सेन डोमिंगो कहकर पुकारा गया। कोलंबस ने इसके नामकरण के बारे में बताया कि द्वीप का मैदानी इलाका उसे केसटाइल के मैदानी इलाके की तरह खूबसूरत नजर आया।

सोने की तलाश

वह द्वीप की उत्तरी दिशा में समुद्र तट के करीब से आगे बढ़ता रहा।

उसे लग रहा था कि यह कोई महाद्वीप हो सकता है। जहाँ भी वह रुकता था, लोगों से सोने के बारे में पूछताछ करता था, मगर इंडियन लोगों ने पहले की तरह बताया कि दक्षिण दिशा में बोहियो द्वीप था, जहाँ सोना मिल सकता था। वह द्वीप पानी से घिरा हुआ नहीं था। उधर कोलंबस को यकीन होता जा रहा था कि वह जल्द ही पूर्वी एशिया के ग्रेट खान के राज्य में पहुँचनेवाला था, जिसके बारे में मार्को पोलो ने यूरोपवासियों को बताया था।

12 दिसंबर को सफर रोकने के बाद एक सलीब बनाया गया और मल्लाह द्वीप पर स्थानीय लोगों से बात करने के लिए गए। वे एक युवती को पकड़कर जहाज पर ले आए। युवती ने नाक में सोने की बड़ी नथनी पहन रखी थी। वह जहाज पर मौजूद इंडियन लोगों की भाषा समझ पा रही थी। कोलंबस ने युवती को पोशाक पहनाई, कुछ सजावटी रत्न, अँगूठी और अन्य उपहार दिए, फिर तीन मल्लाहों और तीन इंडियन के साथ उसे समुद्र तट पर भेज दिया।

स्थानीय निवासियों का सद्‌भाव

जिन लोगों को उसने समुद्र तट पर भेजा था, उन्हें पास ही एक गाँव मिला, जहाँ के निवासियों ने उनका गर्मजोशी के साथ स्वागत किया। गाँववासियों ने मेहमानों से गाँव में ठहरने का अनुरोध किया और बाद में कोलंबस ने निमंत्रण स्वीकार करते हुए कुछ मल्लाहों को वहाँ ठहरने की इजाजत भी दी। पहले दिन तीन कबीलों के प्रमुख तोहफे लेकर मिलने आए। अगले दिन एक सौ बीस कश्तियों में सवार होकर लोग कोलंबस से मिलने के लिए जहाज तक गए। वे लोग अपने पास ऐसे तोहफे लेकर आ रहे थे, जिन तोहफों को वे उपयोगी और महत्त्वपूर्ण समझते थे। रोटी, मछली, मिट्टी के पात्र में पेयजल और मसाले लेकर वे लोग आए थे। मसालों को वे लोग पानी में घोलकर शक्तिवर्धक पेय तैयार करते थे।

उसी दिन कोलंबस ने अपने छह लोगों को भीतरी इलाके के गाँव में भेजा। कबीले के प्रधान ने हाथ मिलाकर उनकी सुरक्षित वापसी की कामना की।

23 तारीख को रविवार था। दिन भी कोलंबस ने स्थानीय लोगों के साथ मुलाकात करते हुए गुजारा था। स्थानीय लोग अपनी चीजें सौंपते हुए अपनी भाषा में कहते थे—''लीजिए, लीजिए।'' उस दिन पाँच कबीलों के प्रमुख मिलने के लिए आए। उनकी बातें सुनकर कोलंबस इस नतीजे पर पहुँचा कि उस द्वीप पर प्रचुर मात्रा में सोना मौजूद था। वह उस द्वीप को इंग्लैंड से भी बड़ा समझ रहे थे। हालाँकि यह उसका भ्रम था। अगले दिन के यात्रा विवरण में उसने पश्चिम में स्थित सिवाओ नामक स्थान का उल्लेख किया है, जिसके बारे में स्थानीय लोगों ने बताया था कि वहाँ काफी सोना था और उसे यह खुशफहमी हो गई थी कि वह सिपांगो अथवा जापान पहुँचने ही वाला है।

क्रिसमस

अगले दिन वह इन मिलनसार लोगों को द्वीप पर छोड़कर रवाना हो गया। सवेरे ही लंगर खोल दिया गया। हवा के हलके झोंके के साथ वे पश्चिम की दिशा में बढ़ते रहे। रात ग्यारह बजे कोलंबस विश्राम करने के लिए चला गया। वह क्रिसमस का दिन था। जब वह सो रहा था, तभी एक ऐसा हादसा हुआ, जिसकी वजह से उसे अपने अभियान की पूरी योजना में तब्दीली करनी पड़ी इसके बाद पहली दुर्भाग्यशाली कॉलोनी बसाई गई। रात में चारों तरफ शांति का माहौल था और कोलंबस आराम की नींद सो रहा था। जहाज का प्रभारी भी एक लड़के के ऊपर संचालन का भार सौंपकर सोने के लिए चला गया। जहाज पर मौजूद तमाम लोग सो रहे थे, सिर्फ वह लड़का जाग रहा था।

जहाज दुर्घटना

लड़के ने जहाज को चट्टानों की एक शृंखला की तरफ बढ़ जाने दिया, जबकि कोलंबस का कहना था कि खतरे का अंदाजा आसानी से लगाया जा सकता था। जैसे ही जहाज चट्टानों की शृंखला से टकराया, वह लड़का जोर-जोर से चिल्लाने लगा। सबसे पहले कोलंबस की नींद टूटी। उसने अफसोस जताते हुए अपने आपसे कहा कि छत्तीस घंटे तक

वह ठीक से सो नहीं पाया था। जहाज का प्रभारी भी जाग गया, लेकिन तब तक काफी देर हो चुकी थी। लहरें विकराल रूप धारण कर चुकी थीं और सांता मारिया जहाज डूब रहा था। कोलंबस ने मस्तूलों को काटने का आदेश दिया, मगर इससे भी कोई फर्क नहीं पड़ा।

उसने मल्लाहों को लंगर और रस्सी लाने के लिए नाव से भेजा, लेकिन मल्लाह जान बचाने के लिए नीना जहाज तक चले गए और दुर्घटना का सारा हाल बताया। नीना के मल्लाहों ने उन लोगों की बात पर भरोसा नहीं किया और वे नीना जहाज को लेकर दुर्घटना स्थल तक पहुँच गए। कोलंबस ने सांता मारिया पर सवार तमाम लोगों को नीना जहाज पर भेज दिया।

दिन का वक्त होने के कारण कोलंबस का स्थानीय मित्र गुआकानकारी पहुँच गया। नम आँखों के साथ उसने अपनी तरफ से यथा संभव मदद की पेशकश की। उसने कोलंबस को हताश होते हुए देखा। उसने हमदर्दी जताते हुए कोलंबस की पीड़ा को कम करने का प्रयास किया, अपने समुद्र तट के दो घरों में सांता मारिया जहाज के सामानों को सुरक्षित रखने का इंतजाम किया। उसने कोलंबस को आश्वस्त किया कि उसकी प्रत्येक चीज की सुरक्षा सुनिश्चित की जाएगी और उसने अपने इस वादे को निभाया भी।

कॉलोनी बसाने का फैसला

मौसम अनुकूल हो गया था। समुद्र इस कदर शांत था कि डूब रहे सांता मारिया जहाज की तमाम सामग्री सुरक्षित हटाई जा सकी। उस द्वीप के सौंदर्य से प्रभावित होकर और स्थानीय लोगों का मैत्रीपूर्ण व्यवहार देखकर, साथ ही अपने सहयोगियों की इच्छा को देखकर कोलंबस ने वहाँ एक कॉलोनी बसाने का फैसला किया। ऐसी कॉलोनी सांता मारिया की सामग्रियों पर निर्भर रह सकती थी और फिर तमाम लोग स्पेन जाकर जरूरी संसाधन ला सकते थे या भेज सकते थे। राजा को यह सलाह जँच गई और उसने इस योजना को सफल बनाने के लिए मदद करने का आश्वासन दिया। द्वीप पर एक घर बनाया गया, जिसके नीचे तहखाने में सारा सामान रखा गया।

कोलंबस ने जिन मल्लाहों को भेजा था, वे अगले दिन इंडियन बस्ती

में गए बगैर लौट आए। उसने एक इंडियन सहित नौ लोगों को फिर भेजा। जहाज से साढ़े चार लीग की दूरी पर उन्हें एक हजार झोंपड़ियोंवाली एक बस्ती मिली। उन्होंने अनुमान लगाया कि उस बस्ती में तीन हजार लोग रहते थे। क्यूबा के गाँवों में एक घर में बीस लोग रहते थे, मगर उस बस्ती में बनाए गए घर छोटे-छोटे थे। बस्ती के लोगों ने सावधानीपूर्वक आगंतुकों का स्वागत किया और जब आगंतुकों ने उनको तोहफे दिए तो वे भी मैत्रीपूर्ण व्यवहार करने लगे। वे उनके लिए मछली और पेड़ की जड़ से बनाई गई रोटी लेकर आए।

तभी वह औरत नजर आई, जिसे कोलंबस ने कपड़े और गहने पहनाकर जहाज से भेज दिया था। उस औरत को पुरुषों ने कंधे पर उठा रखा था और उसके साथ उसका पति भी चल रहा था।

कोलंबस के मल्लाहों को लगा कि सेंट डोमिंगो के निवासियों का रंग दूसरे द्वीपों के निवासियों के रंग की तुलना में अधिक गोरा था। कोलंबस ने लिखा है कि अगर वहाँ की महिलाओं को कास्टाइल की पोशाक पहना दी जाती तो वे बिल्कुल स्पेन की महिलाओं जैसी ही नजर आ सकती थीं। उसने लिखा है कि उस स्थान का मौसम काफी गरम था। अगर वहाँ के लोग ठंडी जगह पर रहते तो वे पूरी तरह गोरे नजर आ सकते थे।

14 दिसंबर को वह पूरब की दिशा में रवाना हुआ और 15 दिसंबर को हाइती की उत्तरी दिशा में स्थित एक छोटे द्वीप पर पहुँचा, जिसका नाम उसने टोटेगा या टर्टल द्वीप रखा। 16 दिसंबर की आधी रात को उसने फिर सफर शुरू किया और दोबारा हिस्पानिओला पहुँच गया। वहाँ पाँच सौ इंडियन उससे मिलने आए। उन लोगों का राजा बीस साल का एक युवक था, जो अपने साथ कई सलाहकारों को लेकर आया था। उनमें से एक उसका शिक्षक भी था। जब उसने उन लोगों से पूछा कि सोना कहाँ मिल सकता था तो उन लोगों ने बताया कि 'बाबीक द्वीप' पर सोना प्रचुर मात्रा में उपलब्ध था। उन्होंने बताया कि केवल दो दिनों का सफर करते हुए उस द्वीप तक पहुँचा जा सकता था। उन लोगों ने उसे द्वीप की दिशा के बारे में भी बताया। राजा ने एडमिरल से कहा कि उसके पास जो भी दौलत थी, वह उसे देने के लिए तैयार था। कोलंबस कभी भी रहस्यमय बाबीक द्वीप

का पता नहीं लगा पाया। बिशप लास केसास ने अनुमान लगाया है कि संभवत: जमाइका को ही बाबीक द्वीप के नाम से पुकारा जाता था।

शाम के वक्त राजा कोलंबस से मिलने के लिए जहाज के भीतर आया। कोलंबस ने उसे यूरोपीय भोजन खिलाया। उनके बीच मैत्रीपूर्ण संबंध कायम हो चुका था। राजा ने दो-तीन दिन उनके साथ रहने का फैसला किया। राजा को विश्वास नहीं हो रहा था कि एडमिरल से भी ताकतवर स्पेन का राजा हो सकता था। राजा और उसके सहयोगियों का मानना था कि कोलंबस सीधे स्वर्ग से आया था।

कोलंबस हमेशा सोने की जानकारी माँगता था। उसने अपने लोगों को सख्त हिदायत दे रखी थी कि सोना मिलने पर इनाम दिया जाए। द्वीप के निवासियों के लिए सोना महज सजावट का गहना था और वे लोग काँच की घंटी, अँगूठी या अन्य सस्ती चीजों के बदले अपना सोना देने के लिए आसानी से तैयार हो जाते थे। उन्हें इस तरह की सजावटी चीजें अधिक आकर्षक प्रतीत होती थीं। राजा के एक सहयोगी के पास सोने के कुछ टुकड़े थे, जो उसने काँच की घंटियों के बदले दे दिए। ऐसा लगता था मानो उसने सोने के किसी बड़े टुकड़े से छोटे हिस्से को काटकर गहना बनाया था। वह इसी तरह सोने के कई टुकड़े काटकर ले आया और उन्हें देकर काँच की घंटियाँ ले लीं। ऐसी सजावटी चीजों से संतुष्ट होकर उसने कहा कि वह और भी सोना ढूँढ़कर लाएगा और उन्हें दे देगा।

18 दिसंबर को हवा प्रतिकूल बह रही थी। कोलंबस ने कबीले के प्रमुख से मिलने का फैसला किया। दोपहर में वह एक डोली में सवार होकर आया। चार लोगों ने डोली को उठा रखा था और पीछे-पीछे दो से ज्यादा लोग चल रहे थे। उसके साथ दो सलाहकार भी थे। वह जहाज के ऊपर आया। उस समय कोलंबस एक कुरसी पर बैठा हुआ था। प्रमुख ने उसे अपनी जगह से उठने नहीं दिया और उसकी बगल में दूसरी कुरसी पर बैठ गया। कोलंबस ने उसे यूरोपीय भोजन और पेय पेश किया। प्रमुख के आव-भाव और बरताव से गरिमा का भाव झलक रहा था। उसके एक नौकर ने एक आकर्षक बेल्ट कोलंबस को दी, जिसमें सोना जड़ा हुआ था।

कोलंबस ने देखा कि प्रमुख जहाज चीजों को उत्सुकता के साथ देख रहा था। उसने अपने गले से माला निकालकर उसे दी। इसके अलावा लाल जूते और संतरे का रस भी दिया।

19 दिसंबर को इस तरह की खातिरदारी और औपचारिकताएँ पूरी करने के बाद उन्होंने सफर शुरू किया और 20 तारीख को वे एक ऐसे बंदरगाह पर पहुँचे, जिसे कोलंबस ने अब तक का सर्वश्रेष्ठ बंदरगाह बताया। उसका यहाँ जिस तरह गर्मजोशी से स्वागत किया गया और हिस्पानिओला का जैसा गहरा प्रभाव उसके ऊपर पड़ा, उसने वहाँ कॉलोनी बसाने का निश्चय किया। ऐसा कहा जा सकता है कि उसके इसी निश्चय के आधार पर उसके भावी जीवन की दिशा भी निर्धारित हुई। इसी बंदरगाह को दुनिया 'बे ऑफ एजुल' के नाम से जानती है।

कबीले के प्रमुख ने अपने कुछ लोगों को मार्टिन पिनजोन और पिंटा जहाज ढूँढ़ने के लिए भेजा, ताकि उन्हें जहाज दुर्घटना के बारे में बताया जा सके। वे लोग नाकामयाब होकर लौट आए। शिविर में मौजूद कोलंबस और उसके सहयोगी स्थानीय लोगों की खातिरदारी का लुत्फ उठा रहे थे। कोलंबस के पास अब छोटा जहाज नीना ही रह गया था। उसने उसी जहाज पर सवार होकर यूरोप लौटने और अपनी खोज का समाचार सबको देने का निश्चय किया। वह तकरीबन चालीस लोगों को उस द्वीप पर छोड़कर जानेवाला था।

वे लोग अपनी मरजी से उसी द्वीप पर रुकना भी चाहते थे। अनुकूल मौसम और द्वीप के निवासियों के प्रेमपूर्ण व्यवहार ने उन्हें मुग्ध कर दिया था। उन्हें अपने रहने के लिए अलग से घर बनाने की भी कोई जरूरत नहीं थी। स्थानीय निवासियों के घरों में वे आसानी से रह सकते थे। 26 दिसंबर से 2 जनवरी के बीच कोलंबस ने अपनी यात्रा की सारी तैयारियाँ पूरी कर लीं। 2 जनवरी को वह रवाना होना चाहता था, मगर प्रतिकूल मौसम की वजह से उस दिन वह रवाना नहीं हो पाया।

इस बीच उसने द्वीप के निवासियों के समक्ष यूरोपीय शस्त्र क्षमता का प्रदर्शन किया। वह चाहता था कि द्वीप के निवासियों को नवागंतुकों की शस्त्र क्षमता की जानकारी मिले। उसने सांता मारिया के मलबे को

निशाना बनाकर गोली चलाई। इस तरह वह स्थानीय लोगों को बंदूक की विध्वंसक शक्ति से परिचित करवाना चाहता था। कबीले के प्रमुख ने कोलंबस की विदाई की बात सुनकर अफसोस जताया। प्रमुख के एक सहयोगी ने बताया कि प्रमुख ने उसे एडमिरल की एक प्रतिमा सोने से बनाने का निर्देश जारी किया था।

कोलंबस ने कबीले के प्रमुख को बताया कि केसटाइल का राजा अपने ऐसे अचूक हथियारों की सहायता से किसी भी प्रकार के दुश्मन को पराजित कर सकता है। कोलंबस ने रवाना होने से पहले शक्ति का प्रदर्शन करना इसलिए जरूरी समझा कि वे अपने नए शासकों के प्रति हमेशा वफादार बने रह सके।

''मैंने अपने लोगों से तहखाने के ऊपर मजबूत स्तंभ और सुरक्षा मोरचा बनाने के लिए कहा। हालाँकि स्थानीय निवासियों से मुझे कोई खतरा नजर नहीं आता और मुझे पक्का भरोसा है कि गिने-चुने लोगों की सहायता से मैं पूरे द्वीप पर वर्चस्व कायम कर सकता हूँ। मुझे लगता है कि यह द्वीप पुर्तगाल से बड़ा है और आबादी भी यहाँ पुर्तगाल की तुलना में दोगुनी है।'' लोगों की तादाद का अंदाजा लगाते समय कोलंबस ने गलती की थी, चूँकि साल बीतने से पहले दुखद घटनाक्रम ने उसके अनुमान को गलत साबित कर दिया था।

वह अपने दुर्ग और कॉलोनी की देखभाल करने और सोने की खान खोजने के लिए 39 लोगों को छोड़ गया था। उसने डिएगो दा एराना, पेड्रो गुटीरस और रोड्रिगो डि सेगोविया के हाथों में नियंत्रण सौंपा था। डिएगो दा एराना को गवर्नर का पद मिलनेवाला था और बाकी दो उसके लेफ्टिनेंट की भूमिका निभानेवाले थे। बाकी सभी मल्लाह थे, मगर उनके बीच कोलंबस का सचिव भी था, जो स्पेन में सरकारी सेवा में तैनात किया गया था। वह इंजीनियर, दरजी, बढ़ई और चिकित्सक था। छोटी कॉलोनी में ऐसे दक्ष लोगों की काफी उपयोगिता हो सकती थी। सभी अपनी मरजी से वहाँ रुके थे और अपने नए बसेरे को लेकर काफी रोमांचित भी थे।

यात्रा का आरंभ

3 जनवरी को छोटे जहाज नीना में सवार होकर कोलंबस यूरोप की तरफ रवाना हो गया। नीना जहाज में पहले से तैनात मल्लाहों के अलावा दुर्घटनाग्रस्त सांता मारिया के मल्लाह भी सवार हो गए थे, इसीलिए भीड़ काफी बढ़ गई थी। खुशकिस्मती की बात यह हुई कि तीसरे दिन रविवार को उन लोगों ने पिंटा जहाज को देख लिया। मार्टिन पिनजोन ने नीना जहाज पर आकर विलंब के बारे में अपनी दलीलें दीं। कोलंबस उन दलीलों को सुनकर संतुष्ट नहीं हुआ था, मगर वह झगड़ा करने के लिए तैयार नहीं था, चूँकि वैसा करने से उसकी यात्रा का उद्देश्य प्रभावित हो सकता था। कोलंबस इस नतीजे पर पहुँचा था कि मार्टिन पिनजोन पिंटा जहाज को लेकर अकेले ही बाबीक द्वीप की तलाश करने निकला था, ताकि सोने का खजाना सिर्फ उसे ही हासिल हो सके। कोलंबस स्पेन लौटने के लिए बेताब था, मगर प्रतिकूल हवा के चलते हफ्ते भर उसे मंद गति से आगे बढ़ना पड़ा था या बीच-बीच में रुकना पड़ा था। इस दौरान बीच-बीच में उनकी मुलाकात स्थानीय लोगों से होती रही थी। ऐसी ही एक मुलाकात के दौरान स्थानीय लोगों ने कुछ मल्लाहों को बंदी बनाने का प्रयास किया। असल में पिनजोन ने कुछ इंडियन लोगों को बंदी बना लिया था, जिससे नाराज होकर वे लोग भी मल्लाहों को बंदी बनाना चाहते थे। कोलंबस ने पिनजोन की कैद से स्थानीय लोगों को आजाद कर दिया था। इस तरह की मुठभेड़ के दौरान दो इंडियन जख्मी हो गए थे। एक तलवार से जख्मी हुआ तो दूसरा तीर से। इस दौरान गोली या बारूद का इस्तेमाल नहीं किया गया।

वापसी का सफर

यह झगड़ा समाना की खाड़ी में हुआ था, जिसे कोलंबस ने 'एरोज की खाड़ी' कहकर पुकारा था। इसके बाद वह पूरब की दिशा में चौंसठ मील आगे बढ़ा, फिर उत्तर-पूरब की ओर मुड़ा। उसे वहाँ कैरीब्स की भूमि दिखाई दी, जिसकी वह तलाश करता रहा था, मगर यहाँ मल्लाहों पर उसका नियंत्रण नहीं रह गया था। सभी स्वदेश लौटने के लिए बेताब थे और वे

आदमखोर कैरीब्स के साथ लड़ने के लिए तैयार नहीं थे। उस समय पछवा हवा बह रही थी और 16 जनवरी को वे स्वदेश की ओर रवाना हो गए।

कोलंबस अपने आपको तसल्ली देता रहा कि पूरब की तरफ कई द्वीप थे, जहाँ वह जा नहीं पाया था। उसका मानना था कि केनरी द्वीप से उन तमाम द्वीपों की दूरी चार सौ लीग से ज्यादा नहीं थी। इस आकलन के मामले में वह गलत था, भले ही दक्षिण-पूर्व में द्वीपों की एक श्रृंखला मौजूद थी।

सफर के दौरान बीच-बीच में हवा की रफ्तार तेज हो रही थी। वह दोबारा केनरी द्वीप की तरफ नहीं जाना चाहता था। अटलांटिक महासागर की हवा के रुख का जायजा लेते हुए अपने विवेक के आधार पर वह उत्तर की दिशा में बढ़ता जा रहा था। 14 फरवरी तक समुद्री यात्रा के दौरान किसी तरह की अड़चन सामने नहीं आई थी। एक दिन बंदी बनाए गए इंडियन लोगों ने तैराकी का करतब दिखाकर उनको चकित कर दिया था। कोलंबस ने सरगासो सागर की हरियाली का उल्लेख अपने यात्रा विवरण में किया है, मगर 14 तारीख को सबकुछ बदल गया था। यात्रा-विवरण में जिस भीषण तूफान का ब्योरा दिया गया है, उससे ऐसा लगता है कि कोलंबस और उसके साथी यूरोप लौटने की उम्मीद पूरी तरह छोड़ चुके थे।

तूफान

"सोमवार, 14 फरवरी—रात में हवा की रफ्तार तेज होती गई, लहरें भी तेज होती गईं। लहरें दो विपरीत दिशाओं से आकर आपस में टकराने लगीं और जहाज को आगे की तरफ बढ़ा पाना मुश्किल होता गया, जहाज न तो पीछे हट सकता था और न ही आगे बढ़ सकता था। जब लहरें बार-बार जहाज से टकराने लगीं तब एडमिरल ने जहाज की रफ्तार को कम करने का निर्देश दिया। इस तरह तीन घंटे की अवधि में मात्र बीस मील का फासला तय किया जा सका। समुद्र लगातार प्रतिकूल होता जा रहा था और हवा उग्र होती जा रही थी। खतरे को सामने पाकर एडमिरल ने हवा के रुख के साथ जहाज को आगे बढ़ाने का फैसला किया, क्योंकि जान बचाने के लिए अब कोई विकल्प बचा नहीं रह गया था। पिंटा जहाज

भी हवा के रुख के साथ आगे बढ़ने लगा। इस जहाज का कप्तान मार्टिन एलोनसो पिनजोन था। जल्द ही वह जहाज नजरों के सामने से ओझल हो गया। हालाँकि रात भर एडमिरल रोशनी के जरिए पिंटा जहाज को संकेत देता रहा और जब तक संभव था, पिंटा जहाज की तरफ से भी रोशनी के जरिए संकेत का जवाब दिया जाता रहा, फिर तूफान के प्रभाव के चलते पिंटा जहाज की दिशा बदल गई।'' कोलंबस ने इसके बाद पालोस पहुँचने के बाद ही पिंटा जहाज के दर्शन किए। वह स्वयं तूफान के चलते चौवन मील उत्तर-पूर्व की ओर चला गया था।

यात्रा विवरण में लिखा गया है, ''सूर्योदय के बाद तेज हवा चलने लगी और समुद्र अभी भी प्रतिकूल बना रहा। इस दौरान एडमिरल ने जहाज की रफ्तार धीमी कर रखी थी। इस तरह जहाज को लहरों की चपेट में आने से बचाने का प्रयास किया गया था, चूँकि लहरें जहाज को डुबो देना चाहती थीं। एडमिरल पहले पूरब की दिशा में और फिर उत्तर-पूरब की तरफ बढ़ता गया। वह इस दिशा में अनवरत छह घंटे तक बढ़ता गया और साढ़े सात लीग का फासला तय किया। उसने सभी मल्लाहों से कहा कि वे आपस में लॉटरी के जरिए फैसला कर लें कि उनमें से कौन गुआरोलोप में सांता मारिया गिरजाघर जाकर पाँच पाउंड की मोमबत्ती का चढ़ावा चढ़ाएगा। सभी ने कहा कि लॉटरी के जरिए जिसके नाम का फैसला होगा, वह चढ़ावा लेकर जरूर जाएगा।

''इस मकसद से एडमिरल ने मल्लाहों से कहा कि जहाज में कुल जितने आदमी थे, उतने मटर के दाने लाए जाएँ और एक मटर के दाने पर चाकू से सलीब का निशान बनाया जाए, फिर सारे मटर को एक टोपी के भीतर डालकर हिलाया जाए। उसके बाद सभी बारी-बारी से दाना बाहर निकालें। सलीबवाला दाना जिसके हाथ में आएगा, वही चढ़ावा लेकर सांता मारिया गिरजाघर जाएगा। सबसे पहले एडमिरल ने टोपी के अंदर हाथ डाला और सलीबवाला मटर का दाना उसे मिला। इस तरह चढ़ावे का दायित्व उसके ऊपर आ गया। उन लोगों ने दूसरी बार भी लॉटरी निकाली। इस बार जिसके हाथ में सलीबवाला दाना आता, उसे एक कोना की सीमा में लेडी ऑफ गिरजाघर में चढ़ावा चढ़ाने के लिए जाना होता।

यह ऐसा स्थान था, जहाँ होली वर्जिन ने काम किया था और जहाँ कई धार्मिक चमत्कार हुए थे। इस बार सांता मारिया बंदरगाह के एक मल्लाह पेड्रो डि विका के नाम लॉटरी निकली। एडमिरल ने तीर्थयात्रा के लिए उसे सारा खर्च देने का वादा किया। मोगुर के सांता मारिया गिरजाघर में चढ़ावा चढ़ाने के लिए तीसरी बार लॉटरी निकाली गई। इस बार भी एडमिरल के ऊपर ही दायित्व आ गया। इसके बाद एडमिरल ने सभी मल्लाहों को शपथ दिलाई कि जैसे ही वे किसी समुद्र तट तक पहुँचने में सफल होंगे, सभी एक जुलूस निकालकर पड़ोस के किसी गिरजाघर में सामूहिक रूप से प्रार्थना करने के लिए जाएँगे।

"इन सामूहिक मन्नतों के अलावा प्रत्येक व्यक्ति ने जान की सलामती के लिए निजी तौर पर मन्नतें माँगी, चूँकि किसी के भी बचने की उम्मीद नहीं रह गई थी। जिस तरह से तूफान का उन्हें सामना करना पड़ा था, उसे देखते हुए जीवित बचे रहने के आसार बिल्कुल नजर नहीं आ रहे थे। जहाज पर रसद का इंतजाम नहीं होने के कारण खतरा और भी अधिक बढ़ गया था। भोजन, पानी और मदिरा समाप्त होने के कारण जहाज हलका हो गया था। लगातार अनुकूल मौसम का अनुभव कर रहे एडमिरल ने पहले सोचा था कि वोमेनत द्वीप पर पहुँचकर भोजन-पानी का इंतजाम करेगा। उसने कल्पना भी नहीं की थी कि बीच रास्ते में उसे इस तरह तूफान का सामना करना पड़ेगा। खतरे से बचने के लिए एडमिरल ने खाली पीपे में समुद्री पानी भरने का आदेश दिया। इस तरह समस्या को हल कर लिया गया।"

कोलंबस के यात्रा वर्णन के इस प्रसंग की व्याख्या करते हुए लास केसास ने लिखा है—

"एडमिरल को ईश्वर से अपेक्षा थी कि वह भीषण तूफान से उसकी रक्षा करे। वह चाहता था कि ईश्वर उसे सुरक्षित रखे। उसे उम्मीद थी कि ईश्वर उसकी स्वदेश वापसी में मदद करनेवाला था। उसका मानना था कि जिस बुद्धिमत्ता और कौशल के साथ उसने राजा-रानी की तरफ से विजय अभियान को कामयाब बनाया था, उस बुद्धिमत्ता और कौशल का इस तरह असमय अंत नहीं हो सकता था। जिस तीव्र

इच्छाशक्ति के साथ उसने अपने समुद्री अभियान की योजना बनाई थी, जिस दृढ़ता के साथ उसने नए जगत् की खोज करने की भविष्यवाणी की थी और उस नए जगत् की खोज करके दिखा भी दी थी, उस कामयाबी के बाद अब उसे तूफान के बीच भय सताने लगा था कि वह जीवित लौटने में सफल नहीं हो पाएगा। उसने स्वीकार किया कि एक मच्छर को भी सामने से गुजरते हुए देखकर उसे घबराहट होने लगती थी। उसे लगता था कि कहीं-न-कहीं ईश्वर के प्रति उसकी आस्था में खोट था, इसलिए उसे इस तरह का भय सता रहा था। दूसरी तरफ अपने अभियान के दौरान मिली सफलताओं की वजह से वह ईश्वर के प्रति कृतज्ञता का भाव भी महसूस कर रहा था। उसकी वर्षों की तमन्ना पूरी हुई थी, उसने नई दुनिया की खोज कर ली थी। इससे पहले उसे कई साल तक स्पेन में हताशा और नाकामी के दौर से गुजरना पड़ा था। ईश्वर ने उसकी सारी इच्छाएँ पूरी की थीं और उसे विश्वास था कि जिस यात्रा को ईश्वर ने उपलब्धियों से भरपूर बना दिया था, उसे वह जरूर अंजाम तक पहुँचानेवाला था।

''यही वजह थी कि तूफान से घिर जाने पर भी सुरक्षित बच जाने की उम्मीद उसके भीतर कायम थी। वहीं दूसरी तरफ उसकी कमजोरी और आशंकाएँ उसे निरंतर विचलित कर रही थीं। उसने कहा कि अगर उसे कुछ हो गया तो उसके दोनों बेटे अनाथ हो जाएँगे। वे दोनों कोरदोवा में पढ़ाई कर रहे थे। पिता या माता के न होने पर अनजान जगह पर उनका गुजारा किस तरह हो सकता था? समुद्री-यात्रा की कामयाबी की सूचना अभी तक राजा-रानी को नहीं मिली थी, न ही उन्हें कोलंबस की अभूतपूर्व सेवा की जानकारी मिली थी। वैसी स्थिति में वे कोलंबस के बेटों की सहायता नहीं करनेवाले थे।

''तूफान के बीच इस तरह के विचार मन में पैदा होने पर उसने सोचा कि अगर उसे कुछ हो गया तो किसी को उसकी महान् खोजों के बारे में पता नहीं चल पाएगा। किसी को भी द्वीपों की जानकारी नहीं मिलेगी। तूफानों से मुक्त समुद्र तटों और बंदरगाहों की जानकारी नहीं मिल पाएगी। उसके जीवन भर की मेहनत और साधना के नतीजे के

बारे में किसी को जानकारी नहीं मिल पाएगी। इसी तरह की आशंका को ध्यान में रखकर उसने जल्दी-जल्दी अपनी समुद्री-यात्रा का हाल लिखकर एक लकड़ी के पीपे में भरकर समुद्र में फेंक दिया। उसने लिखा था कि जिसे भी वह विवरण सबसे पहले मिले, वह उसे स्पेन के राजा-रानी तक जरूर पहुँचा दे। जहाज पर तैनात मल्लाहों ने जब कोलंबस को पीपा समुद्र में फेंकते हुए देखा तो उन्होंने समझा कि ईश्वर को संतुष्ट करने के लिए वह कोई अनुष्ठान कर रहा था।''

इसी दौरान मूसलधार बारिश शुरू हो गई और हवा का रुख भी बदल गया। हवा के रुख के साथ-साथ वे पाँच घंटे तक यात्रा करते रहे। समुद्र प्रतिकूल था। इस स्थिति में वे ढाई लीग पूर्वोत्तर में पहुँच गए। जहाज को लहरों के साथ बहने दिया जा रहा था।

एजोरेस

तेज हवा चल रही थी और लहरें छोटे जहाज नीना से टकरा रही थीं। नीना जहाज तेजी से पूरब की तरफ बढ़ता जा रहा था। 15 तारीख की सुबह उन्हें जमीन के दर्शन हुए। एडमिरल समझ गया कि वह एजोरेस पहुँच चुका था। वह उसी दिशा में लगातार बढ़ता हुआ आ रहा था। कुछ मल्लाहों को लगा कि वे मदेरिया पहुँच चुके थे, वहीं कुछ को लग रहा था कि वे पुर्तगाल के सिंट्रा नगर तक पहुँच गए थे। 18 तारीख तक कोलंबस समुद्र तट पर नहीं उतरा। उसने अपने कुछ लोगों को सांता मारिया द्वीप पर भेजा। शुरू में उसकी खोज का गर्मजोशी के साथ स्वागत किया गया।

इसके बाद एजोरेस के गवर्नर कास्टानेडा के साथ वार्त्ता का दौर शुरू हुआ, जिसने शुरू में शालीनता और आतिथ्य-सत्कार का परिचय दिया, मगर पुर्तगाल के राजा की हिदायत पर वह कोलंबस को परेशान करने पर उतारू हो गया। उसने कोलंबस के कुछ मल्लाहों को बंदी बना लिया और कुछ दिनों तक अपने पास रखा। अपने मल्लाहों को रिहा करवाने के बाद शत्रुओं के द्वीप से भोजन-पानी लेने का इरादा छोड़कर कोलंबस यूरोप की दिशा में रवाना हो गया।

□

स्वदेश में भव्य स्वागत

पुर्तगाल

एक बार फिर उन्हें तूफान से होकर गुजरना पड़ा। "मगर ईश्वर ने दयापूर्वक उसकी रक्षा की। उसने फिर मल्लाहों से लॉटरी निकालकर ऐसे व्यक्ति का नाम तय करने के लिए कहा, जो हुएलवा द्वीप में स्थित गिरजाघर में चढ़ावा चढ़ा सके। लॉटरी के जरिए यह दायित्व उसी के ऊपर आ गया। एडमिरल और मल्लाहों ने सौगंध खाई कि समुद्र तट पर पहुँचने पर जो शनिवार पहले आएगा, उस दिन वे सभी रोटी और पानी का सेवन करते हुए उपवास रखेंगे। साठ मील आगे बढ़ने के बाद वे तूफान से घिर गए थे। तेज हवा और प्रतिकूल समुद्र के बीच वे धीमी रफ्तार से आगे बढ़ते गए। चारों तरफ से लहरें जहाज से टकरा रही थीं। उसी समय उन्हें जमीन दिखाई पड़ी। असल में वे लिस्बन के करीब पहुँच गए थे।"

लिस्बन में पुर्तगाली अधिकारियों ने उनका हार्दिक स्वागत किया, मगर जल्द ही वे भी एजोरेस के गवर्नर कास्टानेडा की तरह शत्रुतापूर्ण व्यवहार करने लगे, लेकिन राजा ने कोलंबस के प्रति अधिक शालीनता का रुख अपनाया। उसने सम्मान के साथ तूफान से पीड़ित एडमिरल का स्वागत किया और जहाज की मरम्मत करने के लिए यथा-संभव सहायता मुहैया करवाई। इसी दौरान कोलंबस ने यात्रा-वृत्तांत लिखकर अपने राजा-रानी के पास भेज दिया।

घर वापसी

13 तारीख को उसने फिर सफर शुरू किया और 15 तारीख को पालोस बंदरगाह तक पहुँच गया। जहाँ से वह साढ़े छह महीने पहले समुद्री अभियान के लिए रवाना हुआ था। उस दिन शुक्रवार था। उसने अमेरिका की खोज भी शुक्रवार को ही की थी और शुक्रवार के दिन ही वह सुरक्षित घर लौट आया था।

उसका यात्रा विवरण इन शब्दों के साथ समाप्त होता है : "समुद्री-यात्रा के जरिए मैंने पाया कि ईश्वर ने किस तरह मेरी बातों को सच साबित कर दिखलाया। जो भी मेरे इस विवरण को पढ़ेगा, उसे निश्चित तौर पर विश्वास हो जाएगा कि इस अभियान के दौरान ईश्वर सदैव मेरे साथ रहा और मेरी सहायता करता रहा। एक समय था, जब राजदरबार में अनेक गण्यमान्य व्यक्ति मेरी योजना का मजाक उड़ाते और मुझे हतोत्साहित करते रहे। वे मेरी योजना को कपोल कल्पना मानते थे और मेरे प्रयासों को अर्थहीन बताते थे। अब मैं दावे के साथ कह सकता हूँ कि इस समुद्री-यात्रा के जरिए ईसाइयत को सबसे महान् गौरव हासिल हुआ है, जबकि सुगमतापूर्वक मैंने इस अभियान को पूरा किया है।"

राजा-रानी का बुलावा

लिस्बन से जो पत्र कोलंबस ने राजा-रानी को भेजा था, वह चारों तरफ प्रकाशित हो चुका था। इसे पढ़कर पहले तो स्पेनवासियों के मन में हर्षोल्लास का संचार हुआ था, फिर दूसरे देश के लोग भी इस खोज की खबर में दिलचस्पी लेने लगे थे। आधुनिक इतिहास की महानतम खोज की सार्वजनिक घोषणा ने जन-जन को रोमांचित कर दिया था।

फर्डीनेंड और इसाबेला ने कोलंबस को दरबार में आमंत्रित किया था और उसके आने तक बेताबी से उसका इंतजार करने की बात कही थी। राजा-रानी उस समय स्पेन के पूर्वी समुद्र तट पर स्थित बार्सिलोना में रह रहे थे और अपनी विजय का वृत्तांत सुनाने के लिए कोलंबस का वहाँ पहुँचना जरूरी था। यह विजयोल्लास की यात्रा थी। आम जनता इस सौम्य विजेता से मिलने के लिए सड़कों पर उतर आई थी, जिसने अपनी खोज से पूरी दुनिया को चमत्कृत कर दिया था।

जिस खत के जरिए उसे बार्सिलोना आने का नियंत्रण दिया गया था, उसमें लिखा गया था, "सेवा में डॉन क्रिस्टोफर कोलंबस, समुद्र में हमारे नौसेनाध्यक्ष, इंडीज में खोजे गए द्वीपों के वायसराय और गवर्नर।" अब उसका दरजा मामूली जहाजी से काफी आगे बढ़ चुका था। वह वही जहाजी था, जो सात सालों तक अपने समुद्री अभियान की मंजूरी के लिए राजदरबार के चक्कर काटता रहा था। कई बार उसे अपनी योजना की व्याख्या करने के लिए लंबे समय तक इंतजार भी करना पड़ा था।

बार्सिलोना जाते समय उसकी मुलाकात समाज के विभिन्न वर्गों के लोगों से हुई उनमें कई गण्यमान्य व्यक्ति भी शामिल थे। यात्रा के दौरान एक जुलूस बनता गया, जो एडमिरल के सम्मान में आगे बढ़ता हुआ दिखाई दे रहा था। द्वीपों से लाए गए जो छह इंडियन जीवित बचे रह गए थे, वे जुलूस में आगे-आगे चल रहे थे। उन्होंने परंपरा के अनुसार अपने शरीर को विभिन्न रंगों से रँगा था और अपने-अपने द्वीप के सोने के गहने भी पहने थे। इस तरह दर्शकों के सामने कोलंबस की खोज का समूचा चित्र उजागर हो रहा था।

असल में कोलंबस अपने साथ दस इंडियन लोगों को लेकर रवाना

हुआ था, मगर समुद्री-यात्रा के दौरान एक की मृत्यु हो गई थी और चार बीमार इंडियन को वह पालोस में छोड़कर आया था। जिन छह इंडियन लोगों को वह बार्सिलोना लेकर आया, उन्हें राजा-रानी की उपस्थिति में ईसाई धर्म की दीक्षा दी गई थी।

इंडियन व्यक्तियों के अलावा वह विभिन्न द्वीपों से कई तरह की चीजें लेकर आया था, जिन्हें लोग कौतूहल के साथ देख रहे थे। ऐसी चीजों में कई प्रकार की चिड़िया और अन्य जीव शामिल थे। ऐसे तोते थे, जो अपने द्वीप की बोली बोलते थे। दुर्लभ प्रजाति की वनस्पतियाँ थीं, जो स्पेन में उपलब्ध नहीं थीं। सोने के आभूषणों को प्रदर्शित किया गया था। ऐसी वस्तुओं के जरिए दर्शकों को खोजे गए द्वीपों की समृद्धि का परिचय देने का प्रयास किया गया था। कोलंबस सजा-धजा हुआ था और युवा मल्लाहों को साथ लेकर आगे बढ़ता जा रहा था। सड़कों पर लोगों की भीड़ उमड़ आई थी। महिलाएँ खिड़कियों से उन्हें देख रही थीं। इसी तरह छतों पर लोगों का हुजूम दिखाई दे रहा था।

भव्य स्वागत

एक विशाल हॉल में राजा और रानी कोलंबस का इंतजार कर रहे थे। दोनों स्वर्ण के सिंहासन पर बैठे हुए थे। इस महल को 'कासा डि ला डेपुटेशन' के नाम से जाना जाता था। जब राजा-रानी बार्सिलोना जाते थे तो इसी महल में ठहरते थे। हॉल में स्पेन की गण्यमान्य हस्तियाँ भी मौजूद थीं। कोलंबस ने जैसे ही हॉल में कदम रखा, राजा और रानी खड़े हो गए। वह घुटनों के बल झुक गया, ताकि उनके हाथों को चूमकर श्रद्धा-भक्ति प्रदर्शित कर सके, मगर राजा ने उसे थामकर उठाया और अपने साथ बिठाते हुए समुद्री-यात्रा का हाल सुनाने के लिए कहा।

कोलंबस सम्मान और सरलता के भाव के साथ समुद्री-यात्रा का हाल सुनाता रहा और सभी ध्यान लगाकर उसकी बातें सुनते रहे। उसने अपने साथ लाई गई कुछ निधियाँ उन लोगों को दिखाईं और अपनी खोज के बारे में स्पष्ट शब्दों में बताया। उसने यह भी कहा कि अभी इस तरह की कई महान् खोजें करने के लिए वह तैयार था। जैसे ही उसका संक्षिप्त

विवरण समाप्त हुआ, वहाँ मौजूद तमाम लोग उसकी सराहना करते हुए कहने लगे, ''हम लोग आपकी भूरि-भूरि प्रशंसा करते हैं।'' उस अवसर के उल्लास और उम्मीदों का वर्णन करते हुए लास केसास ने लिखा है, ''ऐसा लग रहा था मानो लोगों को स्वर्ग का पता मिल गया था।''

इसके बाद कई हफ्ते तक कोलंबस के सम्मान में विभिन्न समारोहों का आयोजन किया जाता रहा। उसके जीवन में इससे पहले ऐसा मौका कभी नहीं आया था, जब उसे इतना सम्मान प्राप्त हुआ था। स्पेन के शासकों ने कृतज्ञता की भावना के साथ उसका स्वागत किया। वह अपने साथ जो स्वर्ण लेकर आया था, उसी स्वर्ण से रानी इसाबेला ने अपनी एक पुस्तक को मढ़वाया था।

उस समय के कई मशहूर कलाकारों ने उस पुस्तक को सजाया था और राजवंश की प्रमुख हस्तियों के चित्र बनाए थे जिनमें किंग डेविड, किंग सोलोमन, रानी शीबा आदि के चित्र शामिल थे। बाद में इसाबेला ने यह पुस्तक अपने पोते चार्ल्स पंचम को दे दी थी, जिसके बारे में कहा जाता है कि उसने अपने शासनकाल में मानवता के खिलाफ कई कदम उठाए थे।

अमेरिका में सबसे पहले लाए गए स्वर्ण से सज्जित पुस्तक को मैड्रीड की रॉयल लाइब्रेरी में सहेजकर रखा गया है।

पोप और पुर्तगाल के राजा के साथ बातचीत

अब कोलंबस का समय सिर्फ दावतों और स्वागत समारोहों में ही बीत रहा था। अब दूसरा समुद्री अभियान शुरू करने के लिए उसके सामने आर्थिक परेशानी नहीं रह गई थी। आदेश दिया गया था कि तीव्रता के साथ दूसरे अभियान की तैयारी की जाए। इस बात की आशंका जताई जा रही थी कि पुर्तगाल का राजा किंग, जो स्पेन का सशक्त प्रतिद्वंद्वी था, कहीं दूसरी खोजों की राह में रुकावट न बन जाए। राजा-रानी ने पोप के पास अपने संदेशवाहक को भेजा। खोज की घोषणा करने के लिए ऐसा नहीं किया गया बल्कि उसी दिशा में अन्य खोज करने की इजाजत लेने के लिए संदेशवाहक को पोप के पास भेजा गया। इस तरह की परिघटना पहले भी

सामने आ चुकी थी। एक पूर्व पोप ने पुर्तगाल को इजाजत दी थी कि वह अफ्रीका क्षेत्र में नए स्थानों की खोज (लेप बोजाडोर से दक्षिण में) कर सकता था और स्पेन की सरकार ने इस घोषणा का हमेशा सम्मान किया था। फर्डीनेंड और इसाबेला उस निर्णय का हवाला देते हुए अटलांटिक सागर की पश्चिमी दिशा में अपनी खोजों के लिए पोप की इजाजत लेना चाहते थे। उस समय अलेक्जेंडर द्वितीय पोप थे। उन्हें अपना पद सँभाले हुए ज्यादा दिन नहीं हुए थे। वे स्पेन के रहनेवाले थे और महत्त्वाकांक्षी तथा स्वाभिमानी धर्मगुरु थे। वे जहाँ आसानी से पुर्तगाल के राजा के अनुरोध को मानते थे, वहीं स्पेन के राजा को भी असंतुष्ट करने के लिए तैयार नहीं थे। रोमन कोर्ट ने उनके नाम भेजे गए अनुरोध को स्वीकार कर लिया। स्पेन के राजा ने उम्मीद जाहिर की थी कि खोजे गए द्वीपों के निवासियों को आसानी से धर्मांतरित किया जा सकेगा। यह बात सुनकर पोप की खुशी का ठिकाना नहीं रह गया था। जिस तीव्रता के साथ स्पेन के राजा ने अनुरोध किया था, उसी तीव्रता के साथ पोप ने अनुरोध को स्वीकार भी कर लिया था। 3 मई, 1493 को पोप ने स्पेन की बात मानते हुए एक आदेश पत्र जारी कर दिया था।

इस आदेश पत्र के जरिए स्पेन और पुर्तगाल के अधिकार क्षेत्र का बँटवारा किया गया था। भूमध्य-सागरीय रेखा से पश्चिम में एजोरेस से एक सौ लीग पश्चिम में जिन द्वीपों की खोज होनी थी, उन पर स्पेन का अधिकार बताया गया। इसी तरह रेखा से पूरब की दिशा में खोजे गए भूखंडों पर पुर्तगाल का अधिकार बताया गया। किसी अन्य समुद्री शक्ति के आदेश का पत्र में उल्लेख नहीं किया गया और ऐसा दरशाया गया मानो किसी तीसरे देश के पास इस तरह की खोज करने का कोई अधिकार नहीं था। दोनों देशों के बीच जिस सीमा का निर्धारण किया गया, उसमें सन् 1494 में दोनों देशों ने आपसी सहमति से बदलाव किया। उन्होंने केप डे वडे द्वीप के पश्चिम में साढ़े तीन सौ लीग उत्तर और दक्षिण में विभाजन रेखा को निर्धारित किया। दोनों रेखाओं के बीच जो अंतर था, उसे कोई अहमियत नहीं दी गई थी।

इस तरह जो निर्णय किया गया, उसका लंबे समय तक खयाल रखा

गया। यह एक किस्म की गलतफहमी ही थी कि स्पेन फिलिपीन द्वीप को ईस्ट इंडीज क्षेत्र में मानकर उस पर अपना दबदबा बनाए रहा। इस द्वीप की खोज मागेलन ने की थी और उसी समय से उस पर स्पेन का कब्जा था। वह मानता था कि भूमध्य सागर के दायरे में आनेवाले तमाम द्वीपों पर उसका ही मालिकाना हक था और एक सौ अस्सी डिग्री दूर तक—यानी दुनिया के दूसरे छोर तक उसका ही स्वामित्व होना चाहिए था।

इसी बँटवारे के सिद्धांत पर पुर्तगाल ने तीन सौ साल से ज्यादा समय तक ब्राजील को अपने कब्जे में रखा।

दूसरे अभियान का आदेश

स्पेन के प्रशासन को डर था कि पोप के आदेश और अन्य कूटनीतियों के बावजूद पुर्तगाल का राजा पश्चिम के द्वीपों पर कब्जा करने के लिए अभियान शुरू कर सकता था। इसी बात को ध्यान में रखकर स्पेन के राजा-रानी ने आनन-फानन में दूसरा समुद्री अभियान शुरू करने का आदेश दे दिया। दूसरा अभियान व्यापक पैमाने पर शुरू होनेवाला था, जिसके लिए उदारतापूर्वक खर्च किया जा रहा था इस अभियान में एक हजार लोग शामिल होने जा रहे थे। पहली योजना ऐसी थी। बाद में इसमें संशोधन कर अभियान के लिए पंद्रह सौ व्यक्तियों को भेजने का निर्णय किया गया। कॉलोनियाँ बसाने और प्रशासनिक ढाँचा तैयार करने के लिए एक नया मंत्रालय बनाया गया और जुआन रोड्रीगेज डि फोनसेका को इसका प्रमुख बनाया गया।

फोनसेका

फोनसेका इस उच्च और महत्त्वपूर्ण पद पर तीन वर्षों तक आसीन रहा। वह शुरू से ही कोलंबस को नापसंद करता था, क्योंकि अभियान शुरू होने से पहले कोलंबस ने राजा-रानी को अपने प्रभाव में लेकर फोनसेका के कुछ फैसलों को रद्द करवा दिया था। जब तक फोनसेका अपने पद पर रहा, उसने स्पेन या कॉलोनी के स्वामियों के हितों को नजरअंदाज कर हमेशा अपने हितों की परवाह की। सिर्फ कोलंबस ही नहीं, वेस्टइंडीज में तैनात स्पेन के तमाम दूसरे अधिकारियों को इतने अहम पद पर फोनसेका

जैसे व्यक्ति की नियुक्ति पर अफसोस होता रहा।

काडिज में तैयारियाँ

पुर्तगाल के राजा और स्पेन के राजा-रानी के बीच नई खोजों को लेकर जटिल और संदिग्ध किस्म की वार्त्ता का दौर शुरू हुआ। जैसा कहा जा चुका है, दोनों पक्ष पोप द्वारा निर्धारित की गई सीमा में रद्दोबदल करना चाहते थे। शुरू में दोनों ही पक्ष एक-दूसरे पर अविश्वास करते हुए अपने मूल मकसद को छिपाते हुए और स्तरहीन कूटनीतिक चाल चलते हुए ऐसे द्वीपों के बँटवारे को लेकर संधियाँ कर रहे थे, जिन द्वीपों की अभी तक खोज नहीं हो पाई थी। इन वार्त्ताओं का महत्त्वपूर्ण नतीजा यह सामने आया कि दोनों पक्षों ने पोप द्वारा निर्धारित सीमा में बदलाव कर दिया। पुर्तगाल का राजा एक ऐसी सीमा रेखा चाहता था, जो पूरब से पश्चिम की तरफ जाती हो, इस तरह ग्रेट केनरी की उत्तरी दिशा में स्पेन को नए भूखंडों की खोज करने का अधिकार मिल सकता था और दक्षिणी दिशा में यही अधिकार पुर्तगाल को मिल सकता था।

इस तरह की वार्त्ता के बीच राजा-रानी और कोलंबस यह बात अच्छी तरह समझ गए कि जो पक्ष सबसे पहले किसी द्वीप की खोज करेगा, वह अधिक फायदे में रहेगा। स्पेन में इस तरह की अफवाह फैल गई थी कि पुर्तगाल ने अपने जहाजों को पश्चिम दिशा में रवाना कर दिया था। कोलंबस की दूसरी समुद्री-यात्रा की तैयारी काडिज में जोर-शोर के साथ की जा रही थी। यह अभियान पूरी तरह कोलंबस के नियंत्रण में संचालित होनेवाला था। कई प्रतिष्ठित जहाजी उसके मातहत के रूप में अभियान में शामिल होने जा रहे थे। सत्रह जहाजों पर पूरी एक कॉलोनी ही अभियान पर निकलनेवाली थी। घोड़ों के अलावा अन्य मवेशियों और पालतू पशुओं को ले जाने की तैयारी की गई थी। कई प्रकार के बीज और पौधे भी ले जाए जा रहे थे। अमेरिका में पहली कॉलोनी बसाकर स्पेन ने वहाँ कई नई फसलों की खेती शुरू की थी। गन्ने की खेती के लिए अमेरिका आज भी खुद को स्पेन के प्रति कृतज्ञ समझता है।

□

दूसरा समुद्री अभियान

कोलंबस 23 मई तक बार्सिलोना में ही रहा, मगर उससे पहले वह समुद्री अभियान के लिए आवश्यक दिशा-निर्देश दे चुका था। इसके बाद वह काडिज पहुँच गया और समुद्री-यात्रा की तैयारियों का जायजा लेने लगा। हर वर्ग के लोग समुद्री अभियान में शामिल होने के लिए उत्साह के साथ आवेदन भेज रहे थे। अमीर परिवारों के नौजवान समुद्री अभियान के रोमांच को करीब से महसूस करने के लिए बेताब थे। इतने सारे दावेदारों को देखते हुए पहले से तय की गई यात्रियों की संख्या में बढ़ोतरी करना जरूरी हो गया था। जब योजना का आकार बढ़ा तो स्वाभाविक रूप से उसकी लागत भी बढ़ गई। यह बात फोनसेका को पसंद नहीं आई। इस समय उसके और कोलंबस के बीच जो मतभेद पैदा हुआ, उसका खामियाजा बाद में कोलंबस को उठाना पड़ा। कोलंबस के सभी अनुरोधों को राजा ने अस्वीकार कर दिया और फोनसेका को उन अनुरोधों पर विचार करने का दायित्व सौंपा गया।

इतनी तेजी से सारी तैयारियाँ की गईं कि प्रथम समुद्री अभियान से लौटने के एक साल बाद ही बृहत् पैमाने पर दूसरी समुद्री-यात्रा शुरू करने का समय आ गया।

कोलंबस के पहले और दूसरे समुद्री अभियान के बीच जो तीखे विरोधाभास थे या अति नाटकीयता थी, उसकी मिसाल इतिहास में ढूँढ़ने

से भी नहीं मिलेगी। पहले समुद्री अभियान में पालोस बंदरगाह से छोटे आकार के तीन जहाज रवाना हुए थे, उस यात्रा में ज्यादातर मल्लाह बेमन से शामिल हुए थे। उस यात्रा की तैयारी करने में काफी कठिनाइयों का सामना करना पड़ा था और ज्यादातर लोग उस यात्रा की सफलता को लेकर आश्वस्त नहीं थे।

जबकि दूसरे अभियान के लिए जहाजों का विशाल बेड़ा तैयार किया गया था और इस अभियान के लिए उदारतापूर्वक शाही खजाने का मुँह खोल दिया गया था। इस अभियान में महज रोमांच अनुभव हासिल करने के लिए शामिल होनेवालों की भीड़ इकट्ठी हो गई थी।

पहले समुद्री अभियान के समय आठ सालों तक अनवरत प्रयास करते रहने के बाद कोलंबस ने किसी तरह राजा-रानी की अनुमति हासिल की थी। उसके पास तब फूटी कौड़ी भी नहीं थी और वह अपना सर्वस्व एक ऐसी योजना के लिए दाँव पर लगा रहा था, जिसके लिए कोई उसका समर्थन नहीं कर रहा था। दूसरे समुद्री अभियान के समय कोलंबस आधी दुनिया का गवर्नर जनरल बन चुका था। वह उन तमाम द्वीपों और भूखंडों का सर्वेसर्वा था, जिनकी खोज उसने की थी। उसके आसपास मौजूद तमाम लोग उसकी इस हैसियत को समझते थे और उसकी इज्जत भी करते थे।

सफलता के साथ कुछ बुराइयाँ भी चली आती हैं। इतिहास के सबक से यह स्पष्ट हो चुका है कि खोज के मकसद से यात्रा पर निकले डेढ़ सौ साहसी और समर्पित मल्लाह पहले अभियान में पुरुषार्थ की बदौलत कामयाब हुए थे। वहीं दूसरे अभियान में राजा और रानी की चाटुकारिता करनेवाले एक हजार से ज्यादा लोग मालामाल होने और तफरीह करने की उम्मीद के साथ शामिल हुए थे। पहली यात्रा में शामिल सर्वहारा वर्ग के लोग अपनी जान पर खेलकर भी अपने नेता की बात मानने के लिए तैयार थे, वहीं दूसरी यात्रा में शामिल होनेवाले मतलबी और स्वार्थी प्रवृत्ति के लोग कोलंबस जैसे अनुभवी जहाजी की भावनाओं को समझ पाने में पूरी तरह अक्षम थे।

इस यात्रा के साथ एक पीड़ादायक इतिहास की शुरुआत हुई।

कोलंबस अपने साथ यात्रा में जिस प्रकार के लोगों को लेकर गया, वही लोग बाद में उसकी परेशानी की वजह भी साबित हुए। अब उसके मातहत के रूप में बढ़ई, लोहार, मामूली मल्लाह या चप्पू चलानेवाले श्रमिक नहीं रह गए थे, बल्कि उनकी जगह अभिजात श्रेणी के अधिकारियों ने ले ली थी, जो ऊँचे-ऊँचे पदों के घमंड से चूर रहा करते थे। वे बनावटी आदतों के गुलाम हो चुके थे और समुद्री अभियान के अपने दायित्वों के प्रति उनके मन में किसी तरह की प्रतिबद्धता का भाव नहीं था। ऐसे लोगों की वजह से निष्ठावान कोलंबस को अनगिनत परेशानियों से होकर गुजरना पड़ा। उन्हीं लोगों की कुत्सित साजिशों के चलते कोलंबस को बाद में अपनी प्रतिष्ठा गँवानी पड़ी और बदनामी के साथ गरीबी और हताशा के बीच संसार को अलविदा कहना पड़ा। पहली समुद्री-यात्रा के समय कोलंबस ने जिस तरह सहज-सरल यात्रा विवरण लिखा था, दूसरी समुद्री-यात्रा के समय हालात ने उसे अपना यात्रा विवरण लिखने का मौका ही नहीं दिया। ऐसा लगता है कि दूसरी समुद्री-यात्रा के समय वह विभिन्न जिम्मेदारियों के दबाव के चलते बुरी तरह उलझा हुआ था और उसके लिए शांतिपूर्वक यात्रा विवरण लिख पाना संभव नहीं रह गया था। यह मानव जीवन की एक विडंबना ही कही जाएगी कि जब किसी व्यक्ति के पास कहने के लिए ज्यादा कुछ नहीं रहता, तब वह इत्मीनान से डायरी लिखता है, लेकिन जब उसके इर्द-गिर्द घटनाक्रम झंझावात का रूप धारण कर लेते हैं, तब वह अपने मन के विचारों को ठीक से व्यक्त करने के लिए वक्त नहीं निकाल पाता। इस मामले में भी ऐसा ही हुआ। सेविले के निवासी डॉक्टर चांका को कोलंबस अपने जहाज पर लेकर गया था। चांका को समुद्री अभियान का विवरण लिखने की जिम्मेदारी सौंपी गई थी। चांका के लिखे गए विवरण को सुरक्षित रखा गया। वहीं दूसरे अभियान से संबंधित कोलंबस का लिखा हुआ कोई विवरण उपलब्ध नहीं है। डॉक्टर चांका के विवरण के आधार पर ही दूसरे समुद्री अभियान के विविध पहलुओं को समझा जा सकता है। अगर कोलंबस ने यात्रा विवरण लिखा होता तो उसका अंदाज और प्रभाव अलग हो सकता था, इस बात में कोई संदेह नहीं।

केनरी द्वीप

25 सितंबर, 1493 को विशाल समुद्री बेड़ा काडिज से रवाना हुआ। तेरह महीने पहले पालोस बंदरगाह से प्रथम अभियान पर तीन छोटे जहाजों ने यात्रा शुरू की थी। इस बार विशाल समुद्री बेड़ा केनरी द्वीप के पास पहुँचा। सारे जहाजों की दशा अच्छी थी और मल्लाहों ने किसी तरह की मरम्मत की जरूरत नहीं समझी थी, इसलिए बेड़ा रुके बगैर आगे बढ़ता गया। इस बार जहाजों को समुद्र का फासला तय करने में कम समय लग रहा था। रविवार 11 नवंबर को जहाज के एक मल्लाह ने कप्तान से चिल्लाकर कहा कि उसने जमीन को देखा है। यह सूचना सुनकर तमाम लोग खुशी से झूम उठे और चीख-पुकार शुरू हो गई। असल में तमाम लोग समुद्री-यात्रा की कठिनाइयों और पेयजल के संकट की वजह से त्रस्त हो चुके थे और जमीन तक पहुँचने की संभावना ने उनके मन में नई उम्मीदों का संचार किया था।

डोमिनिका और गुआडिलोप की खोज

थके-हारे यात्रियों ने खुशी का इजहार किया। छोटी समुद्री-यात्रा का अंत होते देख उन्होंने राहत की साँस ली थी। कुछ मल्लाहों ने अनुमान लगाया कि उन्होंने फेरों से आठ सौ लीग की दूरी तय कर ली थी, वहीं कुछ नाविक इस दूरी को सात सौ अस्सी लीग बता रहे थे। जब धूप फैली तो उन्होंने दो द्वीपों को अपने सामने पाया। एक द्वीप पर पहाड़ियाँ नजर

आ रही थीं, जिसका नाम 'डोमिनिका' रखा गया। यह नाम बाद के वर्षों में भी प्रचलित रहा। दूसरे द्वीप का नाम मारिया गलांटे रखा गया। इस द्वीप में मैदानी इलाका ज्यादा नजर आ रहा था। डॉ. चांका ने लिखा है कि द्वीप पर जंगल नजर आ रहा था। कोलंबस के जहाज के नाम पर उस द्वीप का नाम रखा गया। उस दिन कुल छह द्वीपों की खोज की गई।

कोलंबस को डोमिनिका में कोई संतोषजनक बंदरगाह नजर नहीं आया, इसलिए वह मारिया गलांटे के तट पर उतरा। उसने राजा-रानी के नाम पर उस द्वीप पर अधिकार कर लिया। डॉ. चांका ने यात्रियों के अचरज का उल्लेख करते हुए लिखा है कि चारों तरफ तरह-तरह के पेड़, फल और फूल नजर आ रहे थे। आज भी वेस्टइंडीज जानेवाले पर्यटकों को यहाँ कुदरत के अद्‍भुत नजारे दीख पड़ते हैं।

'इस द्वीप में हरा-भरा जंगल था, जो विलक्षण नजर आ रहा था। तरह-तरह के पेड़ नजर आ रहे थे, जिन पेड़ों के नाम लोग नहीं जानते थे। ये पेड़ फूलों और फलों से लदे हुए थे। चारों तरफ हरियाली-ही-हरियाली थी। कई तरह के जंगली फल दिखाई दे रहे थे। कुछ लोगों ने उन फलों का स्वाद चखने का प्रयास किया। जीभ का स्पर्श करते ही वे लोग तेज जलन महसूस करने लगे। ठंडी चीजें जीभ पर रखकर ऐसे लोगों की पीड़ा का उपचार किया गया।' वे कड़वे फल थे, जिन्हें चखने की वजह से लोगों की वैसी हालत हुई थी।

उन्हें द्वीप पर कोई निवासी नजर नहीं आया और वे दूसरे द्वीप पर गए, जिसे बाद में 'गुडेनलोप' के नाम से जाना गया। यह द्वीप स्पेन के एक प्रांत से मिलता-जुलता था और उसी प्रांत के नाम पर उस द्वीप का भी नाम रखा गया। वे एक ऐसे पहाड़ के पास गए, जिसकी चोटी आसमान को छू रही थी। उस पहाड़ पर एक खूबसूरत जल-प्रपात नजर आ रहा था। दूर से उसकी सफेद रंगत को देखकर नाविकों ने उसे सफेद चट्टान मान लिया था। एडमिरल ने कुछ लोगों को नाव में बैठाकर, समुद्र तट पर घूमकर बंदरगाह की खोज करने के लिए भेज दिया। उन लोगों ने समुद्र तट पर कुछ घरों को देखा, जिसमें स्थानीय लोग रह रहे थे। स्थानीय लोग उन्हें देखकर भाग गए। नाविकों ने घरों

के भीतर जाकर देखा तो पाया कि लोग अपने साथ कोई भी चीज लेकर नहीं भागे थे। घरों में कपास के लच्छे और दूसरे कई सामान मौजूद थे। नाविकों ने कुछ सामान और दो तोते उठा लिये। उन्होंने पुरुषों के हाथ-पाँव की चार-पाँच हड्डियाँ भी उठा लीं। नाविकों ने हड्डियों को देखकर यही सोचा कि इस द्वीप के निवासी कैरीब्स थे, जिनके बारे में पहली समुद्री-यात्रा के दौरान उन्होंने काफी कुछ सुना था और यह भी जानते थे कि वे लोग आदमखोर थे।

नाविक कुछ बस्तियों की बगल से होकर समुद्र तट पर आगे बढ़ते रहे। उन्हें देखकर बस्तियों के निवासी भाग रहे थे। एडमिरल ने अच्छी तरह जाँच-पड़ताल करने का फैसला किया और अगली सुबह उसने कुछ कप्तानों को इस कार्य के लिए भेज दिया। शाम के समय वे लोग अपने साथ एक चौदह वर्षीय लड़के को पकड़कर ले आए। कुछ कप्तान अपने साथ कुछ महिलाओं को पकड़कर ले आए। डिएगो मारकीज नामक कप्तान अपने मातहतों के साथ रास्ता भटक गया और चार दिनों के बाद समुद्र तट तक पहुँचकर किसी तरह बेड़े का पता लगाने में सफल हो पाया। उसके गायब होने पर नाविकों ने यही सोचा था कि जरूर कैरीब्स ने उनको मारकर खा लिया होगा। असल में कोई भी इस बात पर यकीन करने के लिए तैयार नहीं था कि जहाज का संचालन करनेवाला व्यक्ति भी कभी दिग्भ्रमित होकर गलत रास्ते पर जा सकता था।

कैरीब्स के साथ मुठभेड़

समुद्र तट के पास पहला दिन गुजारते हुए कोलंबस ने देखा कि काफी स्त्री-पुरुष तट के करीब आकर विशाल बेड़े की तरफ देख रहे थे। वे नई चीज को देखकर आश्चर्यचकित हो रहे थे। वे नाविकों को नाव पर सवार होकर किनारे की तरफ बढ़ते हुए देखकर 'टायनो-टायनो' कहते थे, जिसका मतलब था 'अच्छा-अच्छा', मगर वे खतरा महसूस करते ही भागने के लिए तैयार नजर आते थे। पुरुषों में से केवल दो को जबरन या सहमति से लाया जा सका। बीस से ज्यादा स्त्रियों को पकड़कर लाया गया और कुछ स्त्रियाँ अपनी मरजी से आईं। ऐसी स्त्रियाँ दूसरे द्वीपों में पैदा हुई

थीं और जिन्हें अगवाकर जबरन इस द्वीप में लाया गया था। ऐसे ही द्वीप पर बंदी बनाकर रखे गए कुछ लड़के भी हमारे पास आए। कप्तान के गुम हो जाने के कारण हम लोग इस बंदरगाह पर आठ दिनों तक रुके रहे थे।

नाविकों ने समुद्र के किनारे काफी तादाद मे नरकंकालों को देखा। इसके अलावा उन्होंने मानव खोपड़ियों को बरतन या प्याली की तरह घर की मुँड़ेर पर लटकते हुए देखा। उन्हें कुछ पुरुष ही नजर आए। महिलाओं ने बताया कि ज्यादातर पुरुष दस नावों पर सवार होकर दूसरे द्वीपों पर लूटपाट या अपहरण करने के लिए गए थे। डॉ. चांका ने लिखा है, ''ये लोग अन्य द्वीपों पर रहनेवाले लोगों की तुलना में अधिक शालीन नजर आते हैं, हालाँकि सबके घरों की निर्माण-शैली एक जैसी है। घर बेहतर तरीके से बनाए गए थे और ऐसा लगता था मानो घर बनाने के कार्य में स्त्री-पुरुष समान रूप से भागीदारी करते थे। घरों में भारी तादाद में कपास के लच्छे नजर आते थे और कइयों के पास कपास से निर्मित लबादे भी थे। वे लबादे इस कुशलता से बुने गए थे कि हमारे देश के कारीगर दक्षता के मामले में उनका मुकाबला नहीं कर सकते थे।''

द्वीप पर बंदी बनाकर रखी गई स्त्रियों से जब पूछा गया कि द्वीप पर रहनेवाले लोग कौन थे तो उन्होंने बताया कि वे कैरीब्स थे। जब औरतों को पता चला कि हम लोग उन आदमखोरों को पराजित करने के लिए आए थे तो फिर उनकी खुशी का ठिकाना नहीं रहा। द्वीप के निवासियों की कैद से मुक्त होने के बावजूद वे स्त्रियाँ अपने पुराने मालिकों को याद कर आतंकित हो रही थीं।

डॉ. चांका ने लिखा है, ''कैरीब्स लोग नृशंस परंपराओं पर विश्वास करते हैं।'' इस मामले में चांका से कोई असहमत नहीं हो सकता, भले ही उसने उन लोगों की 'शालीनता' और गृह निर्माण-कला का उल्लेख किया था।

वे लोग तीन द्वीपों पर कब्जा कर भाईचारे के साथ रहते थे, मगर आस-पड़ोस के दूसरे द्वीपों के लोगों के साथ उन्हें लड़ते रहना अच्छा लगता था। युद्ध में तीर का इस्तेमाल शस्त्र के रूप में करते थे, मगर उनके पास लोहा नहीं था। उनमें से कुछ लोग कछुए के खोल का इस्तेमाल तीर

की नोक बनाने के लिए करते थे, कुछ लोग मछली के काँटे का इस्तेमाल करते थे। ऐसे हथियार के जरिए निहत्थे व्यक्ति को बुरी तरह घायल किया जा सकता था, मगर हम जैसे लोगों को उनके हथियारों से डरने की कोई जरूरत नहीं थी।

कैरीब्स जब लूटपाट के अभियान पर निकलते थे तो उनके दल में स्त्री-पुरुष दोनों शामिल होते थे। वे पुरुषों को काटकर खा जाते थे और स्त्रियों को दासी बनाकर रख लेते थे। वे अत्यंत क्रूर थे। द्वीप पर बंदी बनाकर रखे गए तीन लड़के भागते हुए कोलंबस के जहाज पर पहुँच गए थे।

कप्तान डिएगो मारकीज के गुम हो जाने के बाद कोलंबस ने दो दलों को उनकी खोज करने के लिए भेजा था। दोनों ही दल निराश होकर लौट आए थे। आखिरकार मारकीज अपने साथियों के साथ लौट आया था। वह दस युवकों और युवतियों को भी अपने साथ मुक्त करवाकर ले आया था, जिन्हें द्वीप पर बंदी बनाकर रखा गया था। वे लोग इस कदर बदहाल नजर आ रहे थे कि उन्हें देखकर किसी को भी दया आ सकती थी। जब उनसे पूछा गया कि उन्हें किस तरह बंदी बनाया गया तो उन्होंने बताया कि घने जंगल के बीच वे रास्ता भटक गए थे और उन्होंने पेड़ पर चढ़कर ध्रुवतारा देखने व दिशा का पता लगाने का प्रयास किया था, मगर नाकाम रहे।

''द्वीप से मुक्त करवाई गई स्त्रियों को किनारे पर भेजकर नाविकों ने कुछ कैरीब्स को बंदी बनाने की योजना बनाई, मगर उन लोगों ने जब हमारे लोगों को देखा तो वे आतंकित हो उठे, शायद अपने बुरे कर्मों की वजह से वे और ज्यादा घबरा गए, उन्होंने एक-दूसरे की तरफ देखा, फिर पंछियों के झुंड की तरह एक-दूसरे का हाथ थामकर पलक झपकते ही घने जंगल में जाकर छिप गए। हमारे नाविक किसी भी आदमखोर से संवाद कायम कर पाने में सफल नहीं हो पाए। वे जहाज पर लौट आए और लौटते समय उन्होंने स्थानीय लोगों की कश्तियों को तोड़ डाला।

''10 नवंबर, रविवार को वे गुआडेलोप से रवाना हो गए। रास्ते में कई द्वीप मिले, मगर वे कहीं नहीं रुके, चूँकि वे जल्द-से-जल्द हिस्पानिओला में प्रथम समुद्री अभियान के समय बसाई गई कॉलोनी ला

नेवीदाद तक पहुँच जाना चाहते थे। बीच में घनी आबादीवाले एक द्वीप में उन्होंने रुकने का फैसला किया। उस द्वीप का नाम सेन मार्टीन था। एडमिरल ने कुछ नाविकों को समुद्र तट पर जाकर स्थानीय लोगों के बारे में जानकारी लाने के लिए कहा। हालाँकि एडमिरल का अपना अनुमान इतना सटीक था कि उसे किसी तरह की सहायता की आवश्यकता नहीं थी। नाविकों ने समुद्र के किनारे से कुछ लोगों को बंदी बनाया और नाव में सवार होकर जहाज की दिशा में रवाना हो गए। उसी समय एक नाव उनके पीछे आई, जिसमें चार पुरुष, दो महिलाएँ और किशोर सवार थे। वे विशाल बेड़े को अपने सामने देखकर आश्चर्यचकित रह गए। जहाज से दो गोलियाँ दागी गईं। इसके बाद देर तक नाव नजर नहीं आई, फिर वह करीब दिखाई देने लगी। वे नाव से नीचे उतरना चाहते थे, मगर उतर पाना संभव नहीं हो रहा था। कैरीब्स ने जब देखा कि वे अपने लोगों को मुक्त करवा पाने में सफल नहीं हो रहे थे तो तीर चलाने लगे। वे लोग सात थे, हमारे लोग पच्चीस से ज्यादा थे, जिनमें से दो को उन्होंने जख्मी कर दिया। एक के सीने पर दो तीर लगे थे और दूसरे के कूल्हे पर तीर लगा था। अगर हमारे लोगों ने कवच का उपयोग नहीं किया होता और नाव की टक्कर से उन लोगों की नाव को नहीं डुबोया होता तो वे सारे लोगों की जान तीर चलाकर ले सकते थे। जब उनकी नाव पलट गई तो वे तैरने लगे और जैसे ही उन्हें ऊँची जगह पर पैर टिकाने का मौका मिला, वे नए सिरे से तीर चलाकर हमला करने लगे। हमारे लोगों को उनसे लोहा लेने में काफी परेशानी का सामना करना पड़ा। जब यह संघर्ष खत्म हुआ तो उनमें से सिर्फ एक जख्मी व्यक्ति को जहाज तक लाया जा सका, जिसकी बाद में मृत्यु हो गई।''

इस संघर्ष के दूसरे विवरण में बताया गया है कि एक महिला नाव को नियंत्रित कर रही थी, जो रानी जैसा बरताव कर रही थी। उसका एक बेटा था, जो क्रूर, तंदुरुस्त और शेर जैसा नज़र आ रहा था। वह अपनी माँ का अनुसरण कर रहा था। ''इस वर्णन में बताया गया है कि रानी का लड़का जख्मी हुआ था और एक व्यक्ति की मौत हुई थी।'' दूसरे इंडियन लोगों की तुलना में कैरीब्स अलग नजर आते थे, उनके बाल लंबे होते थे, जबकि

दूसरे इंडियन लोग अपने सिर पर कई प्रकार के चित्र बनाना पसंद करते थे। इंडियन और कैरीब्स दाढ़ी नहीं रखते थे। जिन कैरीब्स लोगों को बंदी बनाया गया, उनकी आँखों और भवों पर कालिख पुती हुई थी। मुझे ऐसा लगता है कि सजावट के तौर पर वे लोग ऐसा करते थे और ऐसा करने पर वे और भी अधिक भयानक दिखाई पड़ते थे। इन बंदियों ने नाविकों को बताया कि कैरे नामक द्वीप पर काफी तादाद में सोना मौजूद था।

पोर्टो रिको की खोज

वे लोग उसी दिन सेन मार्टिन से रवाना हो गए और सांता क्रुज द्वीप को पार करते हुए अगले दिन 15 नवंबर को उन्होंने कई द्वीपों को देखा। एडमिरल ने उनका नाम सांता उर्सुला और एलेवन थाऊजेंड वर्जिन्स रखा। यह द्वीप 'धातुओं से समृद्ध' था, मगर समुद्री बेड़ा वहाँ नहीं रुका। बेड़ा बुटेनक्वेन नामक द्वीप पर दो दिनों के लिए रुका। एडमिरल ने इस द्वीप का नाम सेन जुआन बौटिस्टा (सेंट जॉन बैपटिस्ट) रखा। बाद में इस द्वीप को पोर्टो रिको के नाम से जाना गया। इस द्वीप के लोगों के साथ बातचीत कर पाना संभव नहीं हो पाया, चूँकि सारे लोग कैरीब्स के आतंक से द्वीप को छोड़कर भाग चुके थे। एडमिरल के लिए ये सारे द्वीप नए थे, जो अत्यंत खूबसूरत और उपजाऊ थे। यह द्वीप अन्य द्वीपों की तुलना में अधिक बेहतर नजर आ रहा था।

हिस्पानिओला

शुक्रवार 22 नवंबर को वे हिस्पानिओला द्वीप अर्थात् हाइती पहुँच गए जहाँ पहुँचने के लिए वे अब तक बेताब नजर आ रहे थे। प्रथम समुद्री अभियान में यहाँ आनेवाले किसी भी नाविक को इस द्वीप के विभिन्न हिस्सों की जानकारी नहीं थी। बंदी बनाई गई इंडियन स्त्रियों के कथन के आधार पर ही वे इस द्वीप को समझने की कोशिश कर रहे थे।

जिस हिस्से में वे लोग पहुँचे थे, उसे 'हाइती' कहकर पुकारा जाता था। दूसरे हिस्से का नाम 'समाना' और तीसरे हिस्से का नाम 'बोहियो' था। डॉ. चांका ने लिखा है, ''यह बहुत बड़ा देश है, जहाँ अनगिनत नदियाँ

हैं, अनगिनत पहाड़ियाँ और घाटियाँ हैं। लगता है, यहाँ साल भर घास सूखती नहीं है। मुझे लगता है कि इस द्वीप में दूसरे द्वीपों की तरह ठंड का प्रकोप नहीं होता। क्रिसमस के समय भी यहाँ पंछियों के घोंसले नजर आए, जिनमें हमने पंछियों और अंडों को देखा।'' इस द्वीप पर जो एकमात्र चौपाया जीव डॉ. चांका को नजर आया, वह विभिन्न रंगोंवाले कुत्ते थे और खरगोश जैसा एक जीव भी नजर आया, जो पेड़ों पर चढ़ जाया करता था। कई लोगों ने इस जीव को मारकर खाया था उन्होंने इसके स्वाद को पसंद किया था। द्वीप पर छोटे आकार के साँप और कुछ नेवले भी मौजूद थे। इंडियन लोग इन जीवों को खाते थे।

''द्वीप में अनगिनत पंछी हैं, उनमें से कई पंछी हमारे देश के पंछियों से मिलते-जुलते हैं। कई पंछी ऐसे हैं, जिन्हें हमने पहली बार देखा है। हमारे देश के घरेलू पंछी यहाँ नजर नहीं आते हैं। सिर्फ जुरूकिया में हमने कुछ बतखों को देखा, उनमें से कुछ बर्फ की तरह सफेद थे और कुछ काले थे।''

वे लोग इस द्वीप के किनारे-किनारे कई दिनों तक बढ़ते रहे और उस स्थान पर पहुँचे, जहाँ पहली यात्रा के दौरान कोलंबस ने कॉलोनी बसाई थी। समाना इलाके से होकर गुजरते समय उन्होंने एक इंडियन को उपहारों के साथ समुद्र तट पर छोड़ दिया था, जिसे पहली समुद्री-यात्रा के समय वे अपने साथ लेकर गए थे। एक दूसरे वर्णन में बताया गया है कि प्रथम समुद्र-यात्रा के दौरान जिन दस इंडियन लोगों को साथ ले जाया गया था, उनमें से सात की मौत जलवायु और आहार परिवर्तन की वजह से हो चुकी थी। तीन इंडियन को एडमिरल अपने साथ लेकर गया था। उनमें से दो रात के वक्त छलाँग लगाकर तैरते हुए किनारे तक पहुँच गए। ''एडमिरल ने इस बात की ज्यादा परवाह नहीं की। उसने सोचा कि वह जिन लोगों को द्वीप पर छोड़कर गया था, वे आसानी से दुभाषिए की भूमिका निभा सकते थे। उसे उम्मीद थी कि वह आसानी से उन लोगों की तलाश कर सकता था।'' ऐसा लगता है कि एक इंडियन एडमिरल के प्रति हमेशा वफादार बना रहा, जिसका नाम एडमिरल ने अपने भाई के नाम पर डिएगो कोलोन रखा था।

जिस दिन बंदी इंडियन को समुद्र तट पर छोड़ा गया, उसी दिन एक बिस्कायन मल्लाह की मौत हो गई। मुठभेड़ के दौरान कैरीब्स ने उसे तीर से घायल कर दिया था। नाव में कुछ मल्लाहों को भेजा गया, ताकि शव को दफनाया जा सके। वे जब समुद्र तट पर पहुँचे तो कई इंडियन उनके सामने आ गए। उनमें से कुछ लोगों ने गले और कान में सोना पहन रखा था। वे जहाज तक जाना चाहते थे, जबकि मल्लाह उन्हें साथ ले जाने के लिए तैयार नहीं थे, क्योंकि ऐसा करने की इजाजत उन्होंने एडमिरल से नहीं ली थी। तब इंडियन लोगों ने अपने दो व्यक्तियों को नाव में बिठाकर समुद्री बेड़े के पास भेज दिया। उनका मैत्री भाव से स्वागत किया गया और उन्हें बातचीत करने के लिए एडमिरल के सामने ले जाया गया।

"उन लोगों ने एक दुभाषिए की सहायता से बताया कि किसी राजा ने उन्हें आगंतुकों का पता लगाने के लिए भेजा है, राजा ने उन्हें द्वीप में आमंत्रित करते हुए संदेश भेजा है कि उनके पास काफी सोना है, जो वह नवागंतुकों को देना चाहता है। राजा उनके लिए आहार का प्रबंध भी करना चाहता है। एडमिरल ने उन्हें रेशमी टोपी, कमीज और अन्य मामूली चीजें देने का निर्देश दिया और बताया कि चूँकि वह गुआकानागरी के पास आ रहा था, इसीलिए बीच में नहीं ठहर सकता था। अगली बार वह उन लोगों से मिलने के लिए आ सकता था। यह सुनने के बाद इंडियन वापस लौट गए।"

ला नेवीदाद की कॉलोनी की नियति

वे दो दिनों तक एक बंदरगाह पर ठहरे, जिसका नाम उन्होंने मोंटे क्रिस्टी रखा। वे नगर बसाने के लिए उपयुक्त स्थान की पड़ताल करना चाहते थे, क्योंकि एडमिरल पहली समुद्री-यात्रा के दौरान ला नेवीदाद में बसाई गई कॉलोनी से संतुष्ट नहीं था। मोंटे क्रिस्टी बंदरगाह एक बड़ी नदी (सेंटिआगो) के करीब था, मगर यह दुर्गम क्षेत्र था, जहाँ परिस्थितियाँ अत्यंत प्रतिकूल थीं।

"जब सभी नदी और भूखंड को निहारते हुए आगे बढ़ रहे थे, तभी नदी के पास हमारे कुछ लोगों ने दो लाशें देखीं। एक लाश की गरदन पर

और दूसरी लाश के पैर में घाव था। यह पहला दिन था। अगले दिन दो और व्यक्तियों की लाशें मिलीं। एक लाश के चेहरे पर दाढ़ी थी। हमारे कुछ लोगों का मानना था कि इंडियन लोगों की दाढ़ी नहीं होती, यानी लाशें इंडियन लोगों की नहीं थीं।''

यह बंदरगाह उस स्थान से अधिक दूर नहीं था, जहाँ पहली समुद्री-यात्रा के दौरान कोलंबस ने कॉलोनी बसाई थी। इसीलिए उन लोगों का चिंतित होना स्वाभाविक था। वे कॉलोनी की दिशा में आगे बढ़े और 27 नवंबर को ला नेवीदाद बंदरगाह की विपरीत दिशा में पहुँच गए। जब वे बंदरगाह की तरफ बढ़ रहे थे, तब एक नाव में सवार पाँच-छह इंडियन उनकी तरफ आ रहे थे। एडमिरल ने उन लोगों के लिए रुकना जरूरी नहीं समझा। यह देखकर इंडियन लोग लौट गए।

''समुद्री बेड़ा ला नेवीदाद बंदरगाह पर जब पहुँचा, तब रात हो चुकी थी। इसलिए किसी ने भी बाहर निकलने का साहस नहीं किया। एडमिरल ने दो गोलियाँ चलाने का निर्देश दिया। वह चाहता था कि गोलियों की आवाज सुनकर पहली यात्रा के दौरान उस द्वीप पर बसाए गए उसके मातहत नाविक जवाब दें। उन नाविकों को गुआकानागरी नामक कबीला प्रमुख के भरोसे वहाँ छोड़ा गया था। उन लोगों ने गोलियों का कोई जवाब नहीं दिया। उस स्थान पर कोई घर भी दिखाई नहीं दे रहा था। समुद्री बेड़े में शामिल लोग आशंकित हो उठे। उनका घबराना स्वाभाविक था।

''अत्यंत परेशानी के माहौल में रात के चार-पाँच घंटे गुजारे गए। उन्होंने उसी नाव को अपनी तरफ आते हुए देखा, जिसे उन्होंने शाम के वक्त देखा था। वे लोग एडमिरल और प्रथम समुद्री यात्रा के एक कप्तान से मिलना चाहते थे। उन्हें एडमिरल के जहाज तक ले जाया गया, मगर वे एडमिरल को देखे बगैर जहाज पर जाने के लिए तैयार नहीं थे। रोशनी जलाकर एडमिरल ने उन्हें आने का संकेत दिया, तब वे जहाज पर पहुँच गए। उन्हें गुआकानागरी ने भेजा था और उनमें से एक गुआकानागरी का चचेरा भाई था।''

वे अपने साथ सोने के मुखौटा लाए थे। एक मुखौटा एडमिरल के

लिए था और दूसरा पहली समुद्री यात्रा में शामिल एक कप्तान के लिए था, जो शायद वीसेंट यानेट पिनजोन था। ऐसे मुखौटों को इंडियन लोग काफी अहमियत देते थे। अपने आराध्य देव को वे इस तरह के मुखौटे पहनाते थे। उन्होंने एडमिरल को सम्मान का भाव प्रदर्शित करने के लिए मुखौटा दिया था। इंडियन लोग तीन घंटे तक जहाज पर रहे। उन्होंने कोलंबस को दोबारा देखकर खुशी का भाव प्रदर्शित किया, जब उनसे ला नेवीदाद में बसाए गए नाविकों के बारे में पूछा गया तो उन्होंने बताया कि उनमें से कुछ बीमार होकर मर गए थे और कुछ आपस में ही लड़ते हुए मारे गए थे। कबीले के प्रमुख गुआकानागरी के ऊपर दो अन्य प्रमुखों, काओनाबो और मीटेनी ने हमला कर दिया था। उन लोगों ने उसके गाँव को जला दिया था और उसके पैर को जख्मी कर दिया था। इसी वजह से वह एडमिरल से मिलने के लिए नहीं आ सकता था। जाते समय इंडियन लोगों ने वादा किया कि वे गुआकानागरी को अगले दिन साथ लेकर आएँगे। इस तरह समुद्री यात्रियों की आशंका कम हुई।

अगले दिन का घटनाक्रम उत्साहजनक साबित नहीं हुआ। पिछले दिन जो इंडियन आए थे, वे दोबारा नहीं आए। नाविकों ने सोचा कि कहीं इंडियन की नाव उलट भी सकती थी, चूँकि विदाई के वक्त उन लोगों को मदिरा पिलाई गई थी।

इंडियन लोगों के लौटने का इंतजार करते हुए एडमिरल ने अपने कुछ लोगों को ला नेवीदाद कॉलोनी का जायजा लेने के लिए भेज दिया। उन लोगों ने देखा कि दुर्ग को जलाकर नष्ट कर दिया गया था। उन्होंने कपड़े भी देखे, जो कॉलोनी के निवासियों के थे। कुछ इंडियन लोग दूर से उन्हें देख रहे थे।

सारा मंजर यात्रियों को अस्वाभाविक लग रहा था। एडमिरल को पिछली यात्रा की याद आ रही थी, जब काफी तादाद में इंडियन लोग मैत्रीभाव प्रदर्शित करने के लिए उसके पास आए थे। उन लोगों ने इंडियन लोगों की तरफ कुछ घंटियाँ और मालाएँ फेंककर आकर्षित करने का प्रयास किया। कबीला प्रमुख का एक रिश्तेदार और तीन अन्य इंडियन नाव तक आने के लिए तैयार हो गए। उन्हें जहाज पर लाया गया।

उन लोगों ने साफतौर पर बताया कि कॉलोनी में बसाए गए तमाम लोग मारे जा चुके थे। पिछली रात जब इंडियन ने इसी तरह की बात बताई थी तो उन्हें विश्वास नहीं हुआ था। उन लोगों ने बताया कि कानाओबोआ के राजा मीरेनी ने उन लोगों को मार डाला था और बस्ती को भी जला दिया था।

कानाओबोआ को ही स्वर्ण भूमि माना जाता था।

उन लोगों ने बताया कि संघर्ष के दौरान गुआकानागरी घायल हो गया था। उसकी जाँघ में घाव हो गया था। उन लोगों ने कहा कि वे अपने प्रमुख को लेकर एडमिरल के पास आएँगे। एडमिरल ने उन्हें कुछ उपहार दिए और वे लौट गए।

अगली सुबह एडमिरल अपने साथ डॉ. चांका और अन्य व्यक्तियों को लेकर द्वीप पर गया।

''हम लोग उस स्थान पर गए, जहाँ बस्ती बसाई गई थी। बस्ती पूरी तरह जल चुकी थी। हम लोगों की पोशाकें घास पर नजर आ रही थीं। हमें वहाँ कोई शव दिखाई नहीं पड़ा। इस घटना को लेकर हम लोगों की अलग-अलग राय थी। कुछ लोगों का मानना था कि गुआकानागरी ने हमारे लोगों के साथ विश्वासघात किया था, वहीं कुछ लोग इस बात का विरोध कर रहे थे। उनका कहना था कि कबीले का प्रमुख अपनी ही बस्ती में आग कैसे लगा सकता था। पूरा मामला काफी संदिग्ध नजर आ रहा था।''

एडमिरल ने लोगों को आदेश दिया कि वे अच्छी तरह उस स्थान की छानबीन करें और अगर कहीं सोना मिले तो उसे जमीन के नीचे गाड़ दें। जब छानबीन चल रही थी, उसी समय एडमिरल कुछ लोगों के साथ कॉलोनी बसाने के लिए उपयुक्त स्थान की तलाश करने लगा। वह एक ऐसे गाँव में पहुँचा जहाँ सात या आठ घर थे। उन घरों में रहनेवाले भागकर जा चुके थे। यहाँ उन्हें ऐसी कई चीजें मिलीं, जो कॉलोनी में रहनेवाले उनके साथियों की थीं। कपड़े मिले और एक आकर्षक लबादा मिला, जिसे अभी तक खोलकर पहना नहीं गया था। वह लबादा केसटाइल से लाया गया था। एडमिरल समझ गया कि इन चीजों को इंडियन लोगों ने उपहार के तौर पर हासिल नहीं किया था। उन्हें वहाँ एक लंगर भी मिला, जिसका

इस्तेमाल पहले समुद्री अभियान के दौरान किया गया था।

जब वे लोग ला नेवीदाद वापस लौटे तो वहाँ उन्होंने कई इंडियन लोगों को देखा, जो सोना देकर उपहार लेने के लिए आए थे। उन लोगों ने वह स्थान दिखलाया जहाँ नाविकों के शवों को घास से ढक दिया गया था। उन लोगों ने एक स्वर में बताया कि कानोआबोआ के राजा मीरेनी ने नाविकों को मार डाला था, लेकिन इसके साथ ही उन्होंने शिकायत की कि एक-एक नाविक ने तीन या चार इंडियन स्त्रियों को पत्नी के तौर पर अपने साथ रख लिया था। ऐसा लग रहा था कि द्वीप के लोगों के मन में नाविकों के प्रति गुस्सा बढ़ता गया था और शायद इसी वजह से वे लोग मारे भी गए थे।

अगले दिन एडमिरल ने अपने कुछ आदमियों को नाव में सवार होकर कॉलोनी के लिए स्थान देखने हेतु भेज दिया और स्वयं भी दूसरी दिशा में स्थान निर्धारण करने के लिए चला गया। उसे एक सुरक्षित बंदरगाह नजर आया और कॉलोनी बसाने के लिए अच्छी जगह नजर आई। उसे लगा कि यह जगह उस इलाके से काफी दूर थी, जहाँ उसे सोने की खान मिलने की उम्मीद थी। जब वह लौट रहा था तो एक नाव पर उसे अपने साथी नजर आए, जो नए स्थान की खोज करने के लिए गए थे। उसी समय एक नाव में सवार होकर दो इंडियन उनके पास आए। उन्होंने उनसे अनुरोध किया कि वे गुआकानागरी से एक बार मिल लें। दोनों इंडियन में से एक गुआकानागरी का भाई था। कोलंबस का आदमी उसके साथ समुद्र तट पर गया। उसने देखा कि गुआकानागरी बिछौने पर लेटा कराह रहा था। उसकी जाँघ पर पट्टी बँधी हुई थी। उसकी हालत देखकर उन्होंने अंदाजा लगाया कि संघर्ष की कहानी झूठी नहीं थी।

गुआकानागरी ने संकेतों के जरिए बताया कि घायल होने की वजह से वह कहीं जा नहीं सकता था, इसीलिए एडमिरल को एक बार आकर उससे मिलना चाहिए था। जब वे लोग विदा होने लगे तो उसने सभी को सोने का एक-एक गहना दिया। डॉ. चांका ने लिखा है, "यह उच्च गुणवत्तायुक्त सोना है। इस तरह के सोने से वे लोग मुखौटे तैयार करते हैं। वे सिर, नाक, कान में सोने के गहने पहनते हैं। वे सोने को दक्षता के साथ तराशते हैं। सुंदरता के लिए वे इसका इस्तेमाल करते हैं, चूँकि वे इसकी

कीमत को नहीं समझते हैं।''

एडमिरल ने अगले दिन कबीले के प्रमुख से मिलने का निश्चय किया। प्रमुख के भाई ने उसके पास आकर उसी दिन अनुरोध किया था कि प्रमुख उससे मिलने के लिए बेताब था।

अगले दिन एडमिरल अपने मातहतों के साथ समुद्र तट पर पहुँचा। सभी बेहतरीन पोशाक में इस तरह सज-धजकर गए थे मानो उसी दिन कॉलोनी को बसानेवाले थे। चूँकि उसे सोना मिल चुका था, इसीलिए बदले में वे तरह-तरह के उपहार अपने साथ लेकर आए थे।

''जब हम पहुँचे तो हमने उसे बिस्तर पर लेटे देखा। उनकी परंपरा के अनुसार बिस्तर लटका हुआ था। जाल की तरह कपास से बिस्तर का निर्माण किया गया था। वह उठ नहीं पाया, मगर लेटे-लेटे ही उसने अपने अंदाज में अभिवादन किया। उसने अपने जज्बातों को प्रदर्शित किया। नाविकों की मृत्यु के प्रसंग को याद कर उसकी आँखें छलछला उठीं। उसने इशारों के जरिए ही बताया कि कैसे कुछ नाविक बीमारी की वजह से मारे गए थे और कुछ लोग कानोआबोआ में सोने की खदान की तलाश करने के लिए गए थे, जहाँ उन्हें मार डाला गया था। बाकी लोग अपनी कॉलोनी में ही आपस में लड़ते हुए मारे गए थे।''

प्रमुख ने एडमिरल को सोना और महँगे पत्थर दिए। एक वर्णन में बताया गया है कि प्रमुख ने शीबा नामक आठ सौ दुर्लभ पत्थर, सोने के एक सौ टुकड़े, सोने की एक छड़, तीन पात्र में भरे हुए सोने के बुरादे कोलंबस को दिए थे।

''मेरे अलावा नौसेना का एक सर्जन भी वहाँ मौजूद था।'' डॉ. चांका ने लिखा है, ''एडमिरल ने बताया कि दो डॉक्टर उनके साथ हैं, जो घाव को ठीक करना जानते हैं। एडमिरल ने उससे घाव दिखाने के लिए कहा। उसने कहा कि ऐसा करते हुए उसे खुशी होगी। मैंने उससे कहा कि घर के भीतर लोगों की मौजूदगी की वजह से साफ-सुथरा कुछ भी दिखाई नहीं दे रहा था। इसीलिए घाव की जाँच करने के लिए उसे घर से बाहर निकलना पड़ेगा। वह फौरन इसके लिए तैयार हो गया। शायद वह अपनी विश्वसनीयता को साबित करने के लिए तत्पर था। सर्जन ने उसके करीब

पहुँचकर पट्टी खोल दी। सर्जन ने एडमिरल को बताया कि शीबा पत्थर टकराने से चोट लगी थी। पट्टी खुल जाने के बाद हमने अच्छी तरह घाव की जाँच की। यह स्पष्ट हो गया कि मामूली घाव था, मगर वह ऐसा जता रहा था मानो उसे काफी तकलीफ हो रही थी।''

समुद्री यात्री तय नहीं कर पाए कि किसकी बात पर भरोसा किया जाए। इतना तो स्पष्ट नजर आ रहा था कि नाविकों के ऊपर दुश्मनों ने हमला किया था। एडमिरल ने इंडियन लोगों के साथ बेहतर रिश्ता कायम रखने का फैसला किया। उसने गुआकानागरी के साथ भी दोस्ती को कायम रखा। यह कभी स्पष्ट नहीं हो पाया कि प्रमुख ने नाविकों के संहार को रोकने के लिए क्या कदम उठाया था। स्थानीय लोगों ने पूरे घटनाक्रम का स्पष्ट वर्णन कभी नहीं किया। ऐसा लग रहा था कि कॉलोनी में बसे नाविक इंडियन लोगों के साथ क्रूरतापूर्ण व्यवहार करते रहे और आपस में ही झगड़ते रहे। स्थानीय लोगों ने संभवत: क्षुब्ध होकर उनका सफाया कर दिया था।

□

कोलंबस के विरुद्ध विषवमन

नई कॉलोनी

कोलंबस ने काफी उम्मीद के साथ योजना बनाई थी कि दूसरी समुद्री यात्रा के दौरान जब वह पहली यात्रा के दौरान बसाई गई ला नेवीदाद कॉलोनी पहुँचेगा तो वहाँ बसे हुए नाविक जो सोना संग्रह कर चुके होंगे, उसे जहाजों में लादकर अपने कुछ सहयात्रियों के साथ वापस स्पेन भेज देगा। 1501 में जब सोने को धोने की प्रणाली का विकास हो गया तो उसी कॉलोनी से साल भर में बारह सौ पौंड सोने का खनन किया गया था। आरंभ से ही सोने की तलाश पर ध्यान केंद्रित रहने के कारण भौगोलिक खोज या औपनिवेशीकरण की बेहतरीन योजनाएँ उपेक्षित होती रही थीं। ला नेवीदाद के बदले हुए हालात देखकर कोलंबस समझ गया कि वह सिर्फ बुरी खबरें ही स्पेन भेज सकता था। इसके बावजूद उसने हौसले को कायम रखा और सोने की तलाश जारी रखते हुए एक नई कॉलोनी बसाने का फैसला किया।

खोज के लिए अभियान

उसने अपने साथियों को कई टुकड़ियों में बाँटकर अलग-अलग अभियानों पर भेजा। उसने अपने लोगों को निर्देश दिया कि वे द्वीप के निवासियों के साथ मैत्रीपूर्ण संबंध बनाएँ और सोने के खनन और धुलाई के लिए सटीक स्थान की खोज करें। मेलचियर मेलडोनाडो तीन

सौ व्यक्तियों का नेतृत्व करते हुए ऐसे ही अभियान पर निकला था। वे लोग एक बेहतरीन बंदरगाह पर पहुँचे, जो एक नदी के मुहाने पर स्थित था। वहाँ उन्होंने एक सुंदर घर देखा। उन्होंने सोचा कि वह घर जरूर गुआकानागरी का होगा। वहाँ एक सौ हथियारबंद इंडियन मौजूद थे, जिन्होंने शांति का संकेत मिलने पर हथियार डाल दिए और मैत्री के प्रतीक के रूप में विभिन्न उपहार देने के लिए आ गए।

गुआकानागरी

वे लोग जिस घर में पहुँचे वह गोलाकार था। वृत्त की तरह उस घर की छत बनाई गई थी। घर के भीतर कई कक्ष बनाए गए थे। घर के इर्द-गिर्द कुछ छोटे घर भी थे, जिनमें गुआकानागरी के मातहत रहते थे। स्थानीय लोगों ने बताया कि गुआकानागरी आराम फरमाने के लिए पहाड़ी पर चला गया था।

सोने की तलाश

अपने साथियों का ब्योरा सुनने के बाद कोलंबस ने ओजेडा और कोरवालान को सौ-सौ व्यक्तियों के साथ अलग-अलग दिशाओं में भेज दिया। इन अधिकारियों ने सोने की धुलाई की प्रक्रिया का विवरण दिया था। इस विवरण में बताया गया था कि स्थानीय लोग गहरा गड्ढा खोदकर रेत मिश्रित सोने के कण को इकट्ठा करते थे। इससे भी महत्त्वपूर्ण बात यह थी कि वे लोग एक सपाट टोकरी को हिलाते हुए रेत और सोना भी अलग करते थे। वे अपने इस कार्य में अत्यंत दक्ष थे। बाएँ हाथ से वे रेत निकालते थे और दाएँ हाथ से सोना बाहर निकालते थे। ओजेडा अपने साथ नौ आउंस सोना लेकर लौटा था।

वे केनोआबोआ के राजा का सुराग भी लेकर आए थे, जिसके बारे में उन्होंने पहले सुन रखा था। उसका नाम कौनेबो था। बाद में उसे हिरासत में ले लिया गया, मगर स्पेन लौटते समय रास्ते में उसकी मौत हो गई।

कोलंबस कुछ जहाजों को स्पेन वापस भेजने में सफल हो गया था।

वह कम मात्रा में सोना भेजने में भी सफल हुआ था। मेलडोनाडो और ओजेडा ने जो सोने की धुलाई के बारे में बताया था, उसका विवरण भी उसने राजा-रानी को भेज दिया था। खाद्य पदार्थ पर्याप्त मात्रा में मौजूद रहने के बावजूद उसने नई कॉलोनी के लिए अतिरिक्त खाद्य पदार्थ भेजने का अनुरोध किया था। चूँकि एक दूरदर्शी नेता होने के नाते वह समझ चुका था कि अपने साथ आए हुए अभिजात वर्ग के लोगों को वह मितव्ययिता का प्रशिक्षण नहीं दे सकता था। उसने कैरीब्स कैदियों को भी स्पेन भेज दिया था और अनुरोध किया था कि उन्हें ईसाई धर्म की दीक्षा दी जाए और स्पेनिश भाषा सिखाई जाए। वह नए स्थान पर दुभाषिए की अहमियत को अच्छी तरह समझ गया था। 2 फरवरी को जहाज स्पेन की ओर रवाना हुआ था। कोलंबस के पत्र पर राजा-रानी ने सकारात्मक प्रतिक्रिया व्यक्त की थी।

कोलंबस ने मोंटे क्रिस्टी से दस लीग पूरब की दिशा में नई कॉलोनी बसाई थी और पहले इसका नाम मार्था रखा था। बाद में इस कॉलोनी को इसाबेला के नाम से जाना गया।

कॉलोनी में बसनेवाले उष्णकटिबंधीय मौसमवाले इस क्षेत्र में जमीन की उर्वरता देखकर अत्यंत खुश हुए थे। उन्होंने मटर, सेम, काहू, गोभी और अन्य सब्जियों की खेती की। उन्होंने देखा कि जिस सब्जी को स्पेन में उपजाने में बीस दिन का समय लगता था, वह यहाँ महज आठ दिनों में पैदा हो जाती थी। सोलह दिनों के भीतर ही वे अपने उपयोग के लिए सब्जियाँ पैदा करने लगे थे। तरबूज आदि फलों को पैदा करने में तकरीबन तीस दिन का समय लग रहा था।

वे अपने साथ गन्ने की जड़ें भी लेकर आए थे। पंद्रह दिनों के भीतर ही गन्ने की फसल लहलहाने लगी थी। एक व्यक्ति ने फरवरी में गेहूँ की फसल बोई थी और अब अप्रैल में दूसरी फसल बो रहा था। वे लोग इस नतीजे पर पहुँचे थे कि वहाँ साल में दो फसलें उगाई जा सकती थीं।

कॉलोनी में बगावत

भूमि की उर्वरता ही एकमात्र सकारात्मक पहलू थी, जो द्वीप में सबसे

पहले नजर आई थी। वहाँ का मौसम शक्तिह्रासक और अस्वास्थ्यकर था। नई कॉलोनी को बसाने के लिए कठोर मेहनत करनी पड़ रही थी और किसी को मेहनत करने में रुचि नहीं थी। कोलंबस ने पाया कि उसके साथ आए अभिजात श्रेणी के लोग अकर्मण्य किस्म के थे, वे मेहनत करने में दिलचस्पी नहीं रखते थे। बड़े अधिकारी कोई काम नहीं करना चाहते थे। पुरोहितगण दूसरों की तुलना में बेहतर भोजन की अपेक्षा रखते थे। कोलंबस के प्रति लोगों के मन में सम्मान का भाव घटता जा रहा था, मगर उसने इस बात पर जोर दिया कि स्पेन से लाए गए खाद्य पदार्थ का समान रूप से वितरण होना चाहिए। कुछ दिनों में यह भी स्पष्ट हो गया कि कॉलोनी बसाने के लिए जिस स्थान का चयन किया गया था, वह उचित नहीं था। कोलंबस स्वयं बीमार हो गया था। उसे बीमार देखकर कॉलोनी में बगावत की सुगबुगाहट नजर आई थी, जिसे उसने कुचलकर रख दिया था।

जहाजों की वापसी

समुद्री अभियान में लेखा नियंता की भूमिका निभा रहे बोटनल डायज और अभियान के पारखी फरमिन सेनो ने जहाजों पर कब्जा कर यूरोप की तरफ जाने की साजिश रची थी। बगावत की सूचना कोलंबस तक पहुँचाई गई थी। उसे एक दस्तावेज मिला, जो डायज ने लिखा था और जिसमें कोलंबस के खिलाफ संगीन आरोप लगाए गए थे। कोलंबस

ने डायज को एक जहाज पर बंदी बनाकर, दस्तावेज के साथ स्पेन भेजने का फैसला किया। निचले तबके के विद्रोहियों को उसने अपने स्तर पर दंडित किया। उसने चार जहाजों के नाविकों से बंदूक और हथियार लेकर अपने एक वफादार आदमी को सौंप दिया।

द्वीप पर अभियान

अभियान पर गई टुकड़ियों की सूचना के आधार पर द्वीप के चार हिस्सों का अलग-अलग नामकरण किया गया। पश्चिमी हिस्से का नाम जूना, पूर्वी हिस्से का नाम एटीबूनिया, उत्तरी हिस्से का नाम जाचेन और दक्षिणी हिस्से का नाम नैबा रखा गया। जब नई कॉलोनी की मोरचाबंदी शुरू हो गई, तब मार्च में पाँच सौ लोगों को साथ लेकर कोलंबस अभियान के लिए निकल पड़ा।

सोने का संग्रह

इसी अभियान के दौरान एक स्थानीय व्यक्ति उसके पास सोने का एक टुकड़ा लेकर आया, जिसका वजन एक आउंस था। काँच की घंटी पाकर वह व्यक्ति संतुष्ट हो गया। सोने को देखकर स्पेनवासियों की प्रतिक्रिया से उसे अचरज हुआ था। उसने कहा था कि उसके घर में सोने के कई ढेले थे। एक दूसरा इंडियन भी सोने का ढेला लेकर आया, जिसका वजन एक आउंस से भी ज्यादा था।

सेंट थॉमस का दुर्ग

कोलंबस ने सोचा कि पहाड़ी इलाके में ज्यादा-से-ज्यादा लोगों को साथ लेकर जाना ठीक रहेगा। वह अपने भाई डिएगो को नई कॉलोनी का दायित्व सौंपकर गया। उसने बेहतरीन सैनिकों को सुरक्षा के लिए वहाँ तैनात किया। अपने साथ तकरीबन पाँच सौ लोगों को लेकर वह समुद्र तट से टापू के अंदरूनी इलाके की तरफ बढ़ा। भोले-भाले लोग इतने सारे परदेशियों को हथियारों से लैस होकर आगे बढ़ते देख दंग रह गए। कई दिनों तक सफर करने के बाद वह बहुप्रतीक्षित सिवाओ इलाके में पहुँच गया। पहले उसने उस स्थान पर दूसरी कॉलोनी बसाने के बारे में विचार किया, मगर कॉलोनी

की जगह उसने वहाँ सेंट थॉमस नामक दुर्ग की स्थापना की। इसके बाद उसने एक युवा सैनिक लुक्सन को अभियान पर रवाना कर दिया।

खोज के लिए समुद्री यात्रा

लुक्सन जब वापस लौटा तो अपने साथ हैरतअंग्रेज किस्से लेकर आया। वह सोना लेकर नहीं आया था, क्योंकि सोना लाने का आदेश उसे नहीं दिया गया था। उसने अंगूर के बगीचे देखे थे। उसने सिपांगी नामक इलाके का पता लगाया था। यह नाम सिपांगो या जापान की याद दिलाता था। इस सूचना को पाकर कोलंबस उत्साहित हुआ और कॉलोनी में लौट आया। उसने अपने भाई और पेड्रो मारग्रेटा को कॉलोनी का गवर्नर नियुक्त किया और तीन जहाजों को लेकर क्यूबा में नए स्थानों की खोज करने के लिए निकल पड़ा। पहली समुद्री यात्रा के दौरान उसने उस क्षेत्र के कुछ हिस्सों की ही खोज की थी। उसे यकीन था कि यह एशिया की ही मुख्यभूमि थी। मरते समय तक उसका यही भ्रम बना रहा। एक बार फिर खोज की भूमिका निभाते हुए उसके भीतर नए जोश का संचार हुआ था। कॉलोनी का प्रशासन सँभालते हुए या मातहतों को आदेश देते हुए वह हमेशा खुद को बीमार महसूस करता था, लेकिन नए स्थानों की खोज करते हुए उसके भीतर गजब की ऊर्जा का संचार हो जाता था। पहली समुद्री यात्रा में उसने क्यूबा के उत्तरी हिस्से की खोज की थी। इस बार वह दक्षिणी हिस्से की खोज करना चाहता था। 24 अप्रैल को उसने इस यात्रा की शुरुआत की थी।

जमाइका

पश्चिम दिशा में बढ़ते हुए उसने जमाइका के भूखंड पर रुकने का फैसला किया। उस समय के वर्णन में बताया गया है—''यह द्वीप आकार में सिसली से बड़ा है। इस द्वीप पर एक ही पर्वतमाला है। यह द्वीप समुद्र तट पर प्रत्येक दिशा से खड़ा है।'' कोलंबस को द्वीप पर काफी लोग नजर आए, जो अन्य द्वीपों के निवासियों की तुलना में अधिक मेहनती, दक्ष और मिलनसार थे। जब वह द्वीप के भीतरी

इलाके की तरफ बढ़ने लगा तो उसने पाया कि वे लोग सुनियोजित तरीके से उसे रोकने के लिए तत्पर थे। उसने पूरे द्वीप के पर्यवेक्षण का इरादा बदल दिया और तय किया कि वापसी के वक्त वह पूरे द्वीप का पर्यवेक्षण करेगा। अनुकूल हवा के साथ वह क्यूबा के दक्षिणी समुद्र तट की तरफ बढ़ता गया। इस इलाके का नाम उसने 'गोल्डन केरेसोनेसस' रखा था। पुराने भूगोलविदों ने पेनीनसुला का यह नाम रखा था।

क्यूबा का दक्षिणी समुद्र तट

जमाइका और क्यूबा के बीच संकीर्ण चैनल को पार करने के बाद वह द्वीप की पश्चिमी दिशा की तरफ बढ़ता गया। इस सफर के दौरान उसे विश्वास हो रहा था कि वह एशिया महाद्वीप में पहुँच चुका था। एक वर्णन में कहा गया है कि इस यात्रा के दौरान उसने सात सौ द्वीपों की खोज की थी। उसने खुद अनुमान लगाया था कि पश्चिम दिशा में उसने दो सौ बाईस लीग का फासला तय कर लिया था।

वापसी

मई और जून के शुरुआती हिस्से में वह इन द्वीपों की खोज करता रहा। स्थानीय निवासी उनके साथ उसी तरह मैत्रीपूर्ण व्यवहार कर रहे थे, जिस तरह दो साल पहले क्यूबा की उत्तरी दिशा के निवासी मैत्रीपूर्ण व्यवहार करते थे। स्थानीय निवासियों ने स्पेनवासियों के आगमन के किस्से सुन रखे थे, मगर स्वयं अपनी आँखों से उन्हें देखकर वे चकित हो रहे थे।

एक ऐसा मौका भी आया, जब सबको लगा कि वे जल्द ही ग्रेट खान के राजदरबार में पहुँचने वाले थे। एक स्पेनवासी शिकार के लिए जंगल में अकेला गया था। अचानक उसे एक आदमी सफेद पोशाक में नजर आया। उसने सोचा कि जरूर वह सेंट मेरी डि मर्सीडिस का अनुयायी होगा, जो अभियान में साथ-साथ आया था। अचानक उसे लगभग तीस व्यक्ति सफेद पोशाक में दिखाई देने लगे। स्पेनवासी उनकी

तादाद को बढ़ते देख घबरा गया। उसने सोचा कि भले ही वे धार्मिक व्यक्ति प्रतीत हो रहे थे, मगर उसका वहाँ अकेला होना उचित नहीं था। वह वहाँ से भागने लगा और अपने साथियों को पुकारने लगा, मगर सफेद वेशधारियों ने उसे बुलाया और उसकी तरफ देखकर हाथ हिलाया। हाथ हिलाकर उन लोगों ने मानो उसे आश्वस्त किया था। स्पेनवासी ने उन लोगों पर भरोसा नहीं किया और दौड़ता हुआ जहाज पर वापस आ गया। उसने सारा हाल एडमिरल को बता दिया।

कोलंबस ने समझा कि जरूर सफेद वेशधारी लोग चर्च के एशियाई मिशन से जुड़े हुए थे। उसने अपने लोगों को चालीस मील भीतर तक जाकर उन लोगों की तलाश करने का जिम्मा सौंपा। उन लोगों को कोई रास्ता नजर नहीं आया। उन्हें इलाका उर्वर नजर आया। वे अपने साथ अंगूर और दूसरे फल लेकर लौटे। किसी ने भी सफेद वेशधारी धार्मिक व्यक्तियों को नहीं देखा। बाद में माना गया कि स्पेनवासी ने सरसों के झुंड को देखा था और उसे भ्रम हो गया था कि उसने मनुष्य को देखा था।

समुद्र तट पर स्थानीय निवासियों से मिलते हुए कोलंबस उनकी सरलता, आतिथ्य सत्कार और उनके सद्भाव को देखकर अत्यंत प्रभावित हुआ था। एक अवसर पर सामूहिक प्रार्थना हो रही थी और भारी तादाद में स्थानीय लोग मौजूद थे। वे लोग भी श्रद्धापूर्वक प्रार्थना में शामिल हो रहे थे। अस्सी साल का एक वृद्ध व्यक्ति फलों की टोकरी लेकर आया और एक दुभाषिए की सहायता से कहने लगा :

"हमने सुना है कि किस तरह आपने अपनी ताकत से इतने सारे देशों पर जीत हासिल की है और इन देशों के निवासी किस तरह आपसे डरते हैं! लेकिन एक बुजुर्ग होने के नाते मैं आपको एक नसीहत देना चाहता हूँ। दुनिया को अलविदा करने के दो तरीके इनसान के पास होते हैं। एक तरीका बुरा और अप्रिय होता है, जो वैसे लोगों के लिए होता है, जो मानवता को घायल करते हैं। दूसरा तरीका शांतिपूर्ण और सुखद होता है, जो वैसे लोगों के लिए होता है जो जीते जी प्रेम और शांति बाँटते हुए मानवता की सेवा करते हैं। इसलिए हमेशा याद रखें कि आप भी नश्वर

हैं। यह सोचकर आप किसी को भी नुकसान न पहुँचाएँ।''

कोलंबस ने कहा कि वह इन दोनों रास्तों के बारे में अच्छी तरह जानता है और उसे खुशी है कि इस द्वीप के लोगों को जीवन जीने का सूत्र मालूम है। उसने कहा कि स्पेन के राजा और रानी ने उसे इन द्वीपों पर जीत हासिल करने के लिए भेजा है। वह कैरीब्स और अन्य बुरे लोगों को दंडित करता रहा और निर्दोष तथा भले लोगों की इज्जत करता रहा। कोलंबस का जवाब सुनकर वृद्ध इतना खुश हुआ कि वह कोलंबस के अभियान में शामिल होने के लिए तुरंत तैयार हो गया। जब उसकी पत्नी और बच्चों ने रोका तब जाकर उसने अपनी जिद छोड़ी। वह विश्वास नहीं कर पा रहा था कि कोलंबस जैसा प्रतापी व्यक्ति किसी राजा-रानी के आदेश का पालन कर रहा था।

द्वीप के सौंदर्य और स्थानीय लोगों के आतिथ्य सत्कार के सहारे ही अभियान को जारी रखना संभव नहीं था। वे सभी यही मान रहे थे कि वे एशिया के समुद्र तट पर पहुँच चुके थे। कोलंबस नहीं चाहता था कि उसकी महान् खोज पर बाद में कोई सवालिया निशान लगाए। एक पत्र पर तय की गई दूरी का उल्लेख करते हुए जहाज पर मौजूद तमाम लोगों से हस्ताक्षर करवाए। इस पत्र में दावा किया गया था कि वे एक ऐसे अंतरीप में पहुँच चुके थे, जहाँ पूर्वी इंडीज की सीमा समाप्त होती थी और वहाँ से कोई भी व्यक्ति भूमि के रास्ते पश्चिम की तरफ चलते हुए स्पेन पहुँच सकता था। यह असाधारण घोषणापत्र आज भी संग्रहालय में सुरक्षित रखा गया है।

यह हस्ताक्षर अभियान क्यूबा के दक्षिण-पश्चिम कोने में स्थित खाड़ी में चलाया गया था।

एवानगेलिस्टा की खोज

जहाज में पानी रिसने लगा था और मल्लाह बीमार और असंतुष्ट होते जा रहे थे। यही वजह थी कि कोलंबस उनकी हौसला अफजाई करना चाहता था। 13 जून को कोलंबस दक्षिण-पूरब की तरफ बढ़ा, जहाँ उसने एक नए द्वीप की खोज की। इस द्वीप का नाम उसने 'एवानगेलिस्टा'

रखा। इस द्वीप के एक मुखिया ने कोलंबस से कहा कि वह भी उसके अभियान में शामिल होना चाहता है। अपने परिजनों के समझाने पर उसने अपनी जिद छोड़ दी। इसी तरह का प्रसंग जमाइका में भी सामने आया। द्वीप का अच्छी तरह मुआइना करने के बाद वह हिस्पानिओला के करीब पहुँचा, जहाँ इंडियन लोगों ने उसे बताया कि इसाबेला कॉलोनी में सबकुछ ठीक चल रहा था।

तबीयत का बिगड़ना

कोलंबस ने निश्चय किया कि अब वह कैरीब्स द्वीप जाएगा और वहाँ अपना अधिकार कायम करेगा, मगर उसकी तबीयत बिगड़ती चली गई। उसे बीमार देखकर उसके अधिकारी घबरा गए और अभियान को स्थगित कर इसाबेला कॉलोनी की तरफ रवाना हो गए।

इसाबेला कॉलोनी में वापसी

कोलंबस ने संकल्प लिया था कि वह कैरीब्स लोगों का कठोरतापूर्वक दमन करेगा और निर्दोष स्थानीय लोगों को उनके अत्याचार से मुक्ति दिलाएगा, मगर शरीर साथ नहीं दे रहा था। कुछ समय तक वह पूरी तरह अचेत रहा था। उसकी बीमारी से घबराए हुए अधिकारी इसाबेला कॉलोनी की तरफ रवाना हो गए। उसे अचेत अवस्था में इसाबेला कॉलोनी लाया गया। इस तरह उसकी खोजों की यात्रा वहीं रुक गई थी। वहाँ पहुँचकर अपने भाई बर्थोलोम्यू को देखकर उसे सुखद आश्चर्य हुआ। उससे वह आठ वर्षों के बाद मिल रहा था। बर्थोलोम्यू डायज के साथ उस मशहूर समुद्री अभियान में शामिल था, जब उसने केप ऑफ गुड होप की खोज की थी। सन् 1488 में यूरोप लौटते समय वह कोलंबस का संदेश लेकर इंग्लैंड के राजा हेनरी सप्तम के पास गया था। कोलंबस ने समुद्री अभियान की अपनी योजना के लिए राजा से सहायता की प्रार्थना की थी।

इंग्लैंड से लौटते हुए बर्थोलोम्यू फ्रांस गया था, जहाँ वह पेरिस में एडमिरल लुइस डे बॉर्बन की विधवा मैडम डे बॉर्बन के घर में ठहरा था। यहीं उसने कोलंबस की महान् खोज का समाचार सुना था।

अब स्पेन के राजा ने उसे तीन जहाजों के बेड़े का प्रमुख बनाया था और रसद लेकर नई कॉलोनी तक भेजा था। वह 13 अप्रैल, 1494 को काडिज बंदरगाह से रवाना हुआ था और उसी वर्ष सेंट जॉन दिवस को इसाबेला कॉलोनी पहुँच गया था।

कोलंबस ने उसका हार्दिक स्वागत किया और उसे कॉलोनी का प्रथम लेफ्टिनेंट बना दिया। कॉलोनी का शासन चलाने के लिए सख्त प्रशासक की आवश्यकता थी। कोलंबस जब द्वीपों की खोज करने निकला था, उसी समय कॉलोनी में विवाद और असंतोष सिर उठा रहे थे। पेड्रो मारग्रेटा और फादर ब्याइल ने उसे उन लोगों के बारे में बताया, जिन्होंने उसकी गैर-मौजूदगी में सबसे ज्यादा परेशानी पैदा की थी। वे लोग स्पेन से किस्मत बदलने के लिए आए थे और कॉलोनी बसाने की धीमी प्रक्रिया को देखकर उन्हें निराशा घेरने लगी। कोलंबस जानता था कि जो लोग स्पेन लौटकर गए थे, वे वहाँ पहुँचकर उसकी निंदा और शिकायत करनेवाले थे। वह स्वयं वापस जाकर सारे सवालों का जवाब दे सकता था, मगर इस समय वह कॉलोनी को पूरी तरह सुरक्षित नहीं मान रहा था।

हाल ही में यूरोप से आए चार जहाजों में पाँच सौ इंडियन लोगों को भरकर उसने स्पेन भेज दिया था। इन लोगों को उसने दास बनाकर स्पेन भेजा था। उसने इन लोगों को जुआन डि फोनसेका के पास भेजा था। उसने संदेश भेजा था कि दासों को ईसाई धर्म की दीक्षा दी जा सकती थी और स्पेनिश भाषा सिखाकर उनका इस्तेमाल दोभाषिए के रूप में किया जा सकता था। इसके साथ ही उसने यह सुझाव भी दिया था कि ऐसे दासों को बेचकर शाही खजाने में इजाफा किया जा सकता था। इसाबेला ने इस प्रस्ताव का तुरंत विरोध किया था और इसके बाद कोलंबस ने इंडियन लोगों को भारी तादाद में दास बनाकर भेजना बंद कर दिया था, मगर पाँच सौ इंडियन लोग अपने द्वीप पर वापस नहीं लौटे थे। फोनसेका ने उन लोगों की देखभाल नहीं की थी और वे सब के सब मारे गए थे।

सेन डोमिंगो पहुँचने के बाद वह पाँच महीने तक खराब सेहत की वजह से प्रशासनिक कार्यों में सक्रिय रूप से भागीदारी नहीं कर पाया था। वह अच्छी तरह जानता था कि इंडियन लोग संगठित होकर

स्पेनवासियों को खदेड़ना चाहते थे या पुरानी कॉलोनी की तरह नई कॉलोनी का भी नामो-निशान मिटा देना चाहते थे। उसने सिपांगी के मुखिया गुटियनेक्सियस को बातचीत के लिए बुलाया। दुभाषिए की भूमिका निभा रहे डिडाकस ने मुखिया की बहन से शादी की थी और कोलंबस को उम्मीद थी कि स्पेनवासी डिडाकस की शादी की वजह से दोनों पक्षों के बीच सौहार्दपूर्ण संबंध कायम हो सकता था।

कोलंबस ने पचास सशस्त्र व्यक्तियों के साथ ओजेडा को गोल्ड माउंटेन में कानाओबोआ के साथ संधि करने के लिए भेजा। कानाओबोआ ने समझदारी का परिचय देते हुए ओजेडा के साथ बातचीत की। वह जानता था कि स्पेनवासी उसके ऊपर भरोसा नहीं करते थे। ऐसा कहा जाता है कि उसने बीस स्पेनवासियों की हत्या कर दी थी। वह सशस्त्र लोगों को साथ लेकर कोलंबस से मिलने के लिए आया। जब उससे सशस्त्र लोगों को साथ लाने का कारण पूछा गया तो उसने बताया कि राजा होने के नाते सुरक्षाकर्मियों को साथ रखना वह जरूरी समझता है। ओजेडा ने उसे बंदी बना लिया। जब उसे जहाज में कैद कर स्पेन ले जाया जा रहा था, तभी रास्ते में उसकी मौत हो गई।

कोलंबस ने सिपांगी और मुखिया गुटियनेक्सियस के प्रांत की सीमा पर एक और दुर्ग का निर्माण करवाया। उसने इसका नाम 'टॉवर ऑफ कॉन्सेप्शन' रखा। उसका मानना था कि अगर कभी स्थानीय लोग हमला करेंगे तो स्पेनवासी इस दुर्ग में छिपकर अपनी रक्षा कर सकते थे। यह केंद्र बाद में सोने का खनन कार्य चलाने के लिए अत्यंत उपयोगी साबित हुआ। इसी स्थान पर एक मुखिया ने सोने का एक ढेला दिया था, जिसे स्पेन भेजा गया। उस ढेले का वजन बीस आउंस था। यहीं पर कीमती अगरू की भी खोज की गई। इस तरह की खबर से स्पेन में पहली समुद्री यात्रा की तरह उत्साह और आशा का संचार हुआ।

कोलंबस अब इस नतीजे पर पहुँच गया था कि उसने कॉलोनी की सुरक्षा के लिए पर्याप्त इंतजाम कर दिया था और उसका ऐसा सोचना गलत भी नहीं था। वह समझ रहा था कि स्पेन में अपने खिलाफ किए जा रहे दुष्प्रचार को शांत करने के लिए उसका वहाँ जाना जरूरी हो गया था।

10 मार्च को वह नीना जहाज पर सवार होकर रवाना हो गया। उसके साथ एक और जहाज था, जिसका निर्माण इसाबेला कॉलोनी में किया गया था। वह 11 जून को काडिज बंदरगाह पर पहुँचा था। दो साल नौ महीने के अंतराल पर उसने स्पेन की धरती पर कदम रखा था।

पहली समुद्री यात्रा के बाद लौटने पर कोलंबस का जिस तरह भव्य स्वागत किया गया था, वैसा उत्साह इस बार कहीं दिखाई नहीं दे रहा था। लोगों में समुद्री यात्रा को लेकर प्रतिक्रियाएँ हो रही थीं। अत्यधिक अपेक्षा और अतिशयोक्तिपूर्ण भविष्यवाणियों के चलते आम जनता का मायूस होना स्वाभाविक था। समुद्री यात्रा से लौटे असंतुष्ट सहयोगियों ने कोलंबस के खिलाफ विषवमन करते हुए यात्रा के औचित्य पर सवालिया निशान लगा दिया था। लोग हर चीज को सोना और दुर्लभ पत्थरों के नजरिए से तोलते थे। नई कॉलोनी में जो सोना अब तक प्राप्त हुआ था, उसे संतोषजनक नहीं माना जा रहा था। वहीं अभियान पर आनेवाली लागत काफी ज्यादा थी।

जब कोलंबस काडिज बंदरगाह पर पहुँचा तो उसने पाया कि तीन जहाज आवश्यक वस्तुओं को लेकर इसाबेला कॉलोनी जाने की तैयारी कर रहे थे। इससे पहले चार जहाज आवश्यक वस्तुओं को ले जाते समय दुर्घटनाग्रस्त हो गए थे।

बुगौस पहुँचकर कोलंबस ने फर्डीनेंड और इसाबेला से मुलाकात की और अपने अभियान का ब्योरा दिया। राजा-रानी ने गर्मजाशी के साथ उसका स्वागत किया। ऐसा लग रहा था कि वे कोलंबस के विरुद्ध किए गए दुष्प्रचार से प्रभावित नहीं हुए थे। इस अवसर पर कोलंबस ने तीसरे समुद्री अभियान की जरूरत पर बल देते हुए जहाजों की माँग की। राजा-रानी ने तुरंत अभियान को मंजूरी दे दी।

मगर यूरोपीय देशों में युद्ध छिड़ जाने के कारण कोलंबस को लगभग दो वर्षों तक अगला अभियान शुरू करने के लिए इंतजार करना पड़ा। जो राशि कोलंबस की यात्रा के लिए मुहैया करवाई गई थी, उसका इस्तेमाल किले की मरम्मत करने के लिए किया गया।

इसी बीच उसके अभियान को लेकर दुष्प्रचार बढ़ता गया। लोग अपनी मरजी से उसके समुद्री अभियान में शामिल नहीं होना चाहते थे।

अमीर बनने के लालच में दूसरे अभियान में उसके साथ गए लोगों ने लौटकर निराशा का माहौल तैयार कर दिया था। अब ऐसे अपराधियों को नई कॉलोनियों में बसने के लिए भेजने पर विचार किया जा रहा था, जो वेतन के बगैर कार्य कर सकते थे।

कोलंबस के दुश्मन फोनसेका को अभियान की जिम्मेदारी सौंपी गई थी। प्रिंस जुआन की मौत हो जाने के कारण इसाबेला मातम मना रही थी और फोनसेका कदम-कदम पर कोलंबस की राह में रुकावटें पैदा कर रहा था।

सारी बाधाओं का साहसपूर्वक सामना करते हुए 13 मई, 1498 को कोलंबस अपने तीसरे समुद्री अभियान पर रवाना हो गया था।

□

तीसरा समुद्री अभियान

पश्चिमी क्षितिज पर

कोलंबस जीवन के प्रारंभ से अंत तक कभी भयानक समुद्री लहरों में, कभी सभ्य मनुष्यों के पैर तक नहीं पड़नेवाले प्रदेशों में, कभी दूसरे की उन्नति न देख सकनेवाले षड्यंत्रकारियों के बीच में और कभी तीखी राजनीति का जाल फैलानेवालों में अटल एवं अविचल भाव से अपने लक्ष्य के प्रति समर्पित बना रहा। घोर विपत्ति के समय उसके भीतर धैर्य की नदी बहती हुई दिखती थी, अधिकारों को हाथ में पाकर भी वह क्षमा करना जानता था, राजदरबार में वह निर्भीकता के साथ अपना पक्ष रखता था, युद्ध में वह पराक्रम दिखलाता था। नए देशों की खोज के व्यसन के सिवा वह कभी किसी व्यसन में नहीं उलझा था।

स्पेन लौटकर कोलंबस ने सबको संतुष्ट कर दिया। राजा-रानी प्रसन्न हो गए और उसके विरोधियों को सिर उठाने का मौका नहीं मिला। अब नए द्वीपों में राज्य स्थापित करने का विचार और तदनुसार काम भी होने लगा।

नए द्वीपों की हवा स्पेनवालों को बीमार कर देती थी, उनमें से अधिकांश लोग रोगशैया पर पड़ जाते थे। इसलिए कोलंबस ने सोचा कि यदि स्पेन के जेलखानों से अधिक समय की सजा भोगनेवाले और मृत्यु का दंड पानेवाले वहाँ भेजे जाएँ और सोने की खानों में उनसे काम

करवाया जाए तो काफी सुविधा होगी। उसने अपना यह विचार दरबार में प्रकट किया और सभी ने इस प्रस्ताव पर विचार किए बिना ही इसे मंजूर भी कर दिया। उसी समय यह नियम बन गया कि फौजदारी जुर्म में सजा पाए लोग नए द्वीपों पर भेजे जाएँ।

वास्तव में नवीन राज्य स्थापित करने के लिए सबसे पहले निस्स्वार्थी, त्यागी, परिश्रमी, उदार और सदाचारी परस्पर प्रेम करनेवाले और धीरे-धीरे मनुष्यों को चुनने की जरूरत थी। जो काम सर्वथा उत्तम गुणवाले ही कर सकते हैं। उसको चोरों, डाकुओं, लुटेरों और अन्य अपराधियों द्वारा प्रारंभ करवाकर स्पेन राज्य ने बहुत बड़ी गलती की। इस गलती का नतीजा बाद में सामने आया और यूरोप के अन्य उपनिवेश स्थापित करनेवाले राज्यों ने इस गलती से सबक सीखा। स्पेन राज्य ने जहाँ-जहाँ अपराधियों को ले जाकर बसाया, वहाँ-वहाँ उसे घोर संकट का सामना करना पड़ा।

कोलंबस ने राजा-रानी से नवीन राज्य के विषय में जो नियम बनाने के लिए कहे, वे उन्होंने स्वीकार तो कर लिए, मगर उनको बनाने में

इतनी देर की गई कि अगर कोई और होता तो वह कभी अपने धैर्य को स्थिर नहीं रख पाता। एक तो स्पेनवालों की आदत ही एक दिन के काम में दस दिन लगा देने की थी। दूसरे, इसी अवसर पर वहाँ के युवराज का विवाह ऑस्ट्रिया की राजकुमारी मार्गरेट से और राजकुमारी जुआना का विवाह ऑस्ट्रिया के आर्क ड्यूक से हुआ था। इस कारण सरकारी खजाना खाली हो जाने से उसी समय इस नए खर्च का प्रबंध नहीं हो सकता था। पर कहा जाता है कि वास्तव में इस विलंब का मुख्य कारण कोलंबस के शत्रु ही थे।

राजा-रानी को कोलंबस का स्वागत करते हुए देखकर उसके शत्रुओं की ईर्ष्या और भी बढ़ गई थी। वे नए सिरे से साजिश रचने में जुट गए थे। उस समय इंडीज द्वीपों के मंत्री का पद फोनसेका नामक एक धर्माध्यक्ष या पादरी को दिया गया था। शत्रुओं ने इसी फोनसेका के साथ मिलकर कोलंबस के काम में अत्यधिक देर करवाई। द्वीप में रह रहे स्पेनवासियों के लिए कुछ खाने-पीने का आवश्यक सामान भेजना था। इस सामान को ले जानेवाला जहाज बड़ी कठिनाई से एक वर्ष में मिला और आगे की खोज करने के लिए जो जहाजी बेड़ा आवश्यक था, वह उसे दो वर्ष तक इंतजार करने के बाद ही मिल सका।

इस बेड़े में छोटे-छोटे केवल छह जहाज ही थे, जो इतने लंबे और भयानक सफर के लिए उपयोगी नहीं कहे जा सकते थे। उनमें जितना आवश्यक सामान चाहिए, वह भी पूरा नहीं था, पर कोलंबस के जीवन की सबसे बड़ी विशेषता यह थी कि वह हताश होना नहीं जानता था। उसने इस अधूरे सामानवाले थोड़े से जहाजों के भरोसे ही अपनी यात्रा शुरू कर दी। उसका सपना यही था कि मैं भारत को खोज निकालूँ। उसका विचार दृढ़ हो गया था कि सोने और उपजाऊ भूमि के लिए भारत उसके खोजे गए द्वीपों से पूरब दिशा की ओर है। इसलिए उसने विचार किया कि केनरी द्वीप से विषुवत वृत्त तक सीधे दक्षिण जाकर उष्ण कटिबंध में जो अनुकूल हवा बहती रहती है, उसकी सहायता से भारत पहुँचा जा सकता था।

इसी विचार के अनुसार यात्रा आरंभ कर वह केनरी द्वीप तक

पहुँचा। यहाँ से तीन जहाज उसने हिस्पानिओला की ओर रवाना कर दिए और बाकी तीन को अपने साथ लेकर उसने सीधे दक्षिण की यात्रा की। विषुवत् वृत्त से पाँच अंश दूर रहने तक कोई उल्लेख योग्य घटना नहीं हुई, पर इस स्थान से आगे बढ़ते ही हवा बिल्कुल शांत हो गई और इतनी तेज गरमी पड़ने लगी कि शराब के पीपे फट गए। उस समय तक यूरोप के किसी भी जहाजी ने उष्ण कटिबंध की ओर इतनी लंबी यात्रा नहीं की थी। उन्होंने केवल कहानियाँ ही सुन रखी थीं कि उष्ण कटिबंध में आग बरसा करती है। इतनी भीषण गरमी देखकर मल्लाह आशंकित होने लगे कि कहीं जहाज ही भस्म न हो जाए।

पर दो दिन में ही तेज बारिश हुई और उनकी आशंका दूर हो गई। इतनी तेज बारिश हुई थी कि मल्लाह जहाज की छत पर ठहर नहीं सके और इसके बाद गरमी का प्रकोप भी घटता चला गया। कोलंबस की यह आदत थी कि यात्रा आरंभ करने के बाद वह हरेक कार्य पर स्वयं नजर रखता था और नई यात्रा में तो वह चौबीस घंटे जहाज के अगले हिस्से में मौजूद रहकर सारे परिवर्तनों की पड़ताल किया करता था।

इस तरह मेहनत करने और जागते रहने के कारण उसे बुखार आने लगा। उधर मल्लाह भी उकता गए थे, बहुत दिनों से न देखी गई जमीन के लिए वे तड़प रहे थे। उन्होंने इस समय कोलंबस से दिशा बदल देने का अनुरोध किया और कमजोर होने के कारण उसने भी उनकी बात मान ली।

जहाजों की दिशा बदली गई और निश्चय किया गया कि किसी टापू में उतरकर जहाज दुरुस्त किए जाएँ और कुछ समय तक विश्राम किया जाए।

जो व्यक्ति जहाज के अग्रिम भाग पर तैनात किया गया था, वह अगस्त की पहली तारीख को प्रसन्नता से 'जमीन-जमीन' पुकार उठा। उसी ओर जहाज चलाए गए और वे एक बड़े टापू के किनारे जा पहुँचे। इस टापू का नाम कोलंबस ने 'ट्रिनिडाड' रखा। वह अब भी इसी नाम से पुकारा जाता है। यह टापू गियाना के निकट ओटिनोको नदी के मुहाने पर है। दक्षिण अमेरिका में इससे अधिक बड़ी कोई नदी नहीं है। इस नदी का

पानी समुद्र में बड़े जोर से मिलता है और उसकी धारा मीलों तक बहती हुई दिखाई देती है। इस कारण कई मील तक समुद्र मीठा हो जाता है।

उस समय तक सभ्य मनुष्यों के चरण कभी उस ओर नहीं पड़े थे। अनजान कोलंबस के जहाज भी नदी की धारा में पड़ गए। उसने बड़ी कठिनाई और परिश्रम से अपने जहाजों को बचाया। इसी कारण इस धारा का नाम उसने 'अजगर का मुँह' रखा। जब जहाजों की रक्षा हो गई, तब उसने जमीन की स्थिति और लक्षणों पर विचार किया तो वह खुशी के मारे झूम उठा। सबसे पहले उसने विचार किया था कि इतनी बड़ी और वेगवाली नदी किसी छोटे टापू से नहीं निकल सकती। यह जरूर सैकड़ों मील लंबे-चौड़े देश से निकलकर आई है। अत: जिस भारत को खोजने का सपना मैं वर्षों से देखता रहा हूँ, वह जरूर इसके आसपास ही होगा।

यह उसका भ्रम था। वास्तव में वह दक्षिण अमेरिका के समीप पहुँचा था। उसने बड़ी प्रसन्नता से दक्षिण की ओर के किनारे के सहारे अपने जहाजों को चलाने का आदेश दिया। आगे चलकर कई स्थानों पर उसे भद्दी शक्लवाले मनुष्यों की बस्तियाँ मिलीं। कई स्थान पर उतरकर कोलंबस स्थानीय लोगों से मिला। उन लोगों की चाल-ढाल और आकृति आदि बातें हिस्पानिओला के लोगों से मिलती-जुलती थीं। वे लोग सोने के पत्तर और बड़े-बड़े कीमती मोती गले में पहनते थे।

अपनी कीमती चीजों को देकर उन भोले लोगों ने स्पेनवासियों से चमकती हुई रंगीन काँच की वस्तुएँ और घंटियाँ बड़ी प्रसन्नता से ले लीं। आसपास के टापूवालों ने इनमें कुछ विशेष बुद्धि और शौर्य देखा। वहाँ नाना प्रकार के सुंदर और मनोहर पक्षी थे और भाँति-भाँति के लुभावने और रसीले फल थे। वहाँ के प्राकृतिक सौंदर्य को देखकर एक बार कोलंबस ने सोचा कि ईसाई धर्म-ग्रंथ में जिस स्वर्ग का वर्णन किया गया है, वह शायद वहीं पहुँच गया है।

कोलंबस ने इस नए देश का पता लगाकर केवल कीर्ति ही नहीं कमाई बल्कि उसने मनुष्य जाति के अनुभव को बहुत अधिक बढ़ाया। धरती के इस बड़े भूखंड की खोज करने पर जहाँ स्पेन के साम्राज्य का विस्तार हुआ, वहीं स्पेन को प्रचुर मात्रा में धन भी मिला। कोलंबस की

राह में कदम-कदम पर रुकावटें और विपत्तियाँ थीं। उसे इस महाप्रदेश की खोज कर अपार हर्ष हुआ था। वह और अधिक खोज करना चाहता था, पर रुकावटों के कारण उसे हिस्पानिओला लौटना पड़ा।

उसके तीनों जहाज खराब हो गए थे, भोजन सामग्री खत्म हो चुकी थी और निरंतर समुद्र में रहते हुए मल्लाह भी परेशान हो उठे थे। इसी वजह से उसे वापस मुड़ना पड़ा। रास्ते में उसने मार्गरिटा नामक टापू की खोज की थी। इस टापू पर मोती अधिक मात्रा में पाए जाते थे।

कोलंबस जब हिस्पानिओला पहुँचा तब उसकी तबीयत काफी बिगड़ चुकी थी और उसके लिए उसे शांति व विश्राम की अत्यधिक आवश्यकता थी, पर उसकी अनुपस्थिति में वहाँ का राजकार्य बिगड़ गया था। जो जिसके मन में आता था, वह वही करता था, इसीलिए उसे विश्राम करने का तनिक भी अवसर नहीं मिला। उसे तत्काल वहाँ की व्यवस्था सुधारने में जुट जाना पड़ा।

हिस्पानिओला पहुँचने पर कोलंबस को पता चला कि वहाँ काफी उलट-फेर हो चुका था। जाते समय वह अपने भाई को हिदायत देकर गया था कि इसाबेला कॉलोनी को अपनी जगह से हटाकर टापू के सामने की जमीन पर बसाया जाए। इसी सलाह के अनुसार उसके भाई ने एक विशाल जगह तलाश कर वहाँ सेन डोमिंगो नामक नगर बसा दिया। पश्चिमी जगत् में यह नगर काफी समय तक प्रसिद्ध रहा। यह स्पेन की कचहरियों का मुख्य स्थान बन गया था।

जिन टापुओं और बस्तियों में कोलंबस अब तक नहीं जा सका था, उनको भी अपने अधिकार क्षेत्र में लाने के लिए कोलंबस के भाई ने चढ़ाई की थी। इसके दो कारण थे, एक तो पश्चिमी द्वीपों में राज्य स्थापित करना और दूसरा यह कि अगर स्पेनवासी अकर्मण्य बैठे रहेंगे तो आपस में ही कलह करते रहेंगे, इसलिए उन्हें लड़ाई के काम में लगाए रखना ठीक रहेगा। वहाँ के सीधे-सादे निवासियों में इनका सामना करने की शक्ति नहीं थी। उन्होंने अधीनता मानकर लगान देना स्वीकार कर लिया, पर लगान इतना अधिक था कि स्पेनवासियों के हथियारों से उन्हें मृत्यु के समान भय लगता था, फिर भी कुछ समय के बाद वे खुल्लम-

खुल्ला लड़ने के लिए तैयार हो गए। इस लड़ाई में जीत हासिल करना स्पेनवासियों के लिए कठिन नहीं था, क्योंकि वृक्षों की छाल लपेटनेवाले निरीह प्राणी वास्तव में जिसे युद्ध कहते हैं, उसे जानते ही नहीं थे।

कोलंबस अपने भाई को गवर्नर और फ्रेंसिस रोल्डन नामक व्यक्ति को शांति रक्षक बनाकर गया था। जिस समय कोलंबस का भाई द्वीपवासियों से युद्ध करने की चिंता में लीन था, उस समय फ्रेंसिस रोल्डन बगावत की साजिश रचने में जुटा हुआ था। लोभ में अंधा बनकर वह अपनी पदवी के विरुद्ध काम करने को तैयार हो गया। अपने लालची साथियों को साजिश में शरीक करने के लिए उसने जैसी दलीलें दीं, वे सब निर्बलता और अदूरदर्शिता की परिचायक थीं।

कोलंबस के भाई के विरुद्ध भड़काते हुए उस स्पेनवासियों से कहा कि वह कठोर और बेरहम है और यहाँ अपना स्वतंत्र राज्य स्थापित करना चाहता है, साथ ही हममें से बहुतों को वह भूखे मार देना चाहता है। उसने यह भी कहा कि एक मामूली जेनोआवासी के नीचे गुलाम की तरह अधीन रहना हम कास्टिलियन लोगों के लिए शर्म की बात है। स्पेनवासियों को यह विश्वास तो हो रहा था कि हम पर जो दुःख और आपत्तियाँ आई हैं, वे सब हमारे ऊपरवाले अधिकारी की ही करतूत के कारण आई हैं। वे लोग रोल्डन की बातों पर विश्वास करने लगे।

आखिरकार, कई स्पेनवासियों ने रोल्डन को अपना सरदार बना लिया और राजा के प्रतिनिधि के विरुद्ध बगावत कर दी। विद्रोहियों ने भंडारघर पर कब्जा कर लिया और सेन डोमिंगो के किले पर धावा बोल दिया, पर कोलंबस के भाई की बुद्धिमत्ता से इस किले की रक्षा हुई। अब विद्रोही असंतुष्ट होकर द्वीपवासियों से कहने लगे कि तुम लोग स्वाधीन हो जाओ।

जिस समय कोलंबस अपनी यात्रा से अस्वस्थ होकर हिस्पानिओला वापस आया, उस समय वहाँ की यही दशा थी। तीन जहाजों को उसने केनरी द्वीप से भेजा था। वे अभी तक नहीं पहुँचे थे, इसकी उसे और अधिक चिंता सता रही थी। उन जहाजों में कोई दक्ष नेता नहीं था, इसलिए पानी के बहाव में पड़कर वे जहाज सेन डोमिंगो से 16 मील पश्चिम की ओर चले

गए थे। वहाँ रोल्डन और उसके विद्रोही साथियों का अड्डा था। रोल्डन ने बड़ी सावधानी से जहाजवालों से बगावत की बात छिपाई और खुश्की के रास्ते से सेन डोमिंगो जाने का विचार प्रकट करके उनका विश्वास जीत लिया और उनमें से बहुतों को अपने साथ ले लिया। इन लोगों को विद्रोही बना डालने के लिए रोल्डन को काफी प्रयास नहीं करना पड़ा, क्योंकि वे लोग जेलखानों से छूटे हुए चोर, डाकू, लुटेरे और हत्यारे थे। इन लोगों को ज्यादा उकसाने की आवश्यकता नहीं थी, क्योंकि वे स्वयं लूटपाट करना पसंद करते थे, इसलिए इन लोगों ने बड़ी प्रसन्नता के साथ रोल्डन को सहायता देना स्वीकार कर लिया।

जहाजों के कप्तानों को इतने लोगों को उतार देने की गलती का अहसास हुआ। आखिर वे बचे हुए यात्रियों को लेकर सीधे सेन डोमिंगो की ओर चल दिए और कोलंबस के वहाँ पहुँचने के कुछ दिन बाद ही वे वहाँ पहुँचे। विद्रोहियों के साथ अपराधियों का गठजोड़ हो जाने के कारण उनकी ताकत और बढ़ गई और अब वे द्वीपवासियों को बगावत करने के लिए उकसाने लगे।

रोल्डन के विश्वासघात और कैदियों की कृतघ्नता पर विचार करते हुए कोलंबस को काफी गुस्सा आया, पर उत्तेजित होने पर भी उसने जल्दबाजी में लड़ाई शुरू नहीं की। दूरदर्शी कोलंबस का मानना था कि अगर दोनों पक्ष आपस में लड़ेंगे तो उनकी शक्ति इतनी कम हो जाएगी कि वे साधारण शत्रु का मुकाबला कर पाने में भी सफल नहीं हो पाएँगे। आपसी कलह के नतीजे के बारे में सोचकर कोलंबस चिंतित हो उठा।

कोलंबस ने यह भी महसूस किया कि उसके विरुद्ध विद्रोहियों को हथियार उठाते हुए देखकर उसके समर्थकों पर भी विपरीत प्रभाव पड़ा था और उनमें से कई लोग विद्रोहियों के खेमे में चले गए थे। अपने आपको ऐसी संकट की स्थिति में पड़ा हुआ देखकर कोलंबस ने भविष्य के बारे में सोचते हुए विद्रोहियों से टकराने की जगह सुलह करना ज्यादा उचित समझा।

उसी समय कोलंबस ने एक विज्ञापन निकाला कि जो बहकावे में आकर विद्रोही बने हैं, अगर वे ईमानदारी से अपने काम पर आना चाहें

तो उन्हें माफी मिल सकती है। इसका अच्छा प्रभाव पड़ा। जो बीमारी के चलते या और किसी कारण से स्पेन वापस लौटना चाहते थे, उन्हें कोलंबस ने वापस भेजने का वचन दिया। लोगों ने अपने लिए जो-जो अधिकार माँगे, यथासंभव सब उन्हें दिए गए और रोल्डन को उसके पहले के ओहदे पर बहाल कर दिया गया। इस तरह विद्रोह शांत हो गया। सबको संतुष्ट करने के बाद कोलंबस ने नए नियमों की रचना की।

नए नियमों के अनुसार, विद्रोहियों को टापू के अलग-अलग भागों में जमीनें दी गईं इन भूस्वामियों की जमीन जोतने-बोने के लिए उन स्थानों के द्वीप निवासियों के लगान माफ किए गए। रोगी और निर्बल संस्थान में ऐसे नियम बनाने की चाहे जितनी आवश्यकता हो, मगर आलसी स्पेनवासियों के लिए ये नियम काफी नुकसानदेह साबित हुए।

द्वीपवासियों को काफी तकलीफ उठानी पड़ी और उन पर अन्याय भी असीम हुआ। इसके अलावा विद्रोह के और भी दुष्परिणाम सामने आए। विद्रोह की वजह से कोलंबस को नए सिरे से सुव्यवस्था स्थापित करनी पड़ी। इस दौरान हर पल उसकी जान को खतरा बना रहा, इसलिए वह अपने भाई और वफादार नाविकों को नई खोज के लिए नहीं भेज पाया।

इन सब कार्यों से अवकाश मिलते ही कोलंबस ने खाली जहाजों को स्पेन रवाना कर दिया और पत्र में अपनी यात्रा का पूरा विवरण, एक नए बड़े महाप्रदेश को खोजने का शुभ संवाद लिख भेजा, साथ ही वहाँ के लोगों से जो हीरे-मोती मिले थे, उनके नमूने भी भेज दिए। उसने हिस्पानिओला के विद्रोह का हाल भी लिखकर भेज दिया। उसने यह भी लिखा कि विद्रोहियों ने नए राज्य में विद्रोह करके मेरी जान आफत में डालने की कोशिश की थी। उन्होंने मुझे विवश करके अपने हित में नियम बनवाए हैं। हालाँकि यह विद्रोह उनके अनुकूल नियम बना देने से शांत हो गया है, पर भविष्य में उससे भी अधिक भयंकर विद्रोह हो सकता है, इसलिए राजदरबार को इस मामले पर गंभीरतापूर्वक विचार करना चाहिए।

इसी जहाज में रोल्डन और उसके साथियों ने भी अपने आपको बेगुनाह बताने और कोलंबस तथा उसके भाई को गुनहगार साबित करने

के लिए अनेक पत्र लिखकर भेजे थे। स्पेन के दरबार में जो कोलंबस के शत्रु थे, उन्होंने रोल्डन के पक्ष का खुलकर समर्थन किया।

इन पत्रों के परिणाम की चर्चा करने से पहले पश्चिमी महाद्वीप संबंधी कुछ ऐतिहासिक बातों का उल्लेख करना समीचीन रहेगा। जिस समय कोलंबस स्पेन की सहायता से पश्चिमी द्वीपों की खोज करने निकला था, उस समय पुर्तगाली लोगों का उत्साह, जो पहले से ही खोज के प्रेमी थे, कुछ कम नहीं हुआ था। कोलंबस ने पहले पुर्तगाली शासक से सहायता माँगी थी, पर उसने उसकी योजना को हँसी में उड़ा दिया था। अब जब कोलंबस की योजना कामयाब हो गई तो पुर्तगालियों को काफी पछतावा हुआ, पर उनमें मानवीय गुण थे, इसलिए वे कोरे पछतावे या ईर्ष्या में समय गँवाने की अपेक्षा कोलंबस से बड़ी कामयाबी हासिल कर दुनिया को दिखाना चाहते थे। इस देश का राजा इमानुएल बड़ा साहसी और चतुर था। सिंहासन पर बैठते ही उसने केप ऑफ गुड होप के रास्ते से भारत की तलाश करने का अभियान जोर-शोर से शुरू कर दिया।

समूचे यूरोप में यह बात मशहूर हो गई थी कि भारत सोने और हीरे-मोतियों का देश है। सभी भारत से जहाज में सोना भरकर लाने के लिए लालायित थे। इमानुएल ने उस समय की प्रथा के अनुसार छोटा सा जहाजी बेड़ा तैयार करवाया और उसके नेतृत्व का दायित्व वास्को डि गामा को सौंपा। यह पुरुष बड़े घराने का साहसी, गुणी और वीर-धीर था।

उस समय जहाजी विद्या की इतनी तरक्की नहीं हुई थी और समुद्री जानकारी भी लोगों को बहुत कम थी। वे बड़े-बड़े देशों को खोजने के लिए छोटे-छोटे बेड़े भेजा करते थे। वास्को डि गामा का भी तीन जहाजों का छोटा सा बेड़ा तैयार हुआ। मौसमी हवा के घटने-बढ़ने के कारण अटलांटिक महासागर और अफ्रीका तथा भारत के बीचवाला सागर कभी-कभी बड़ा भयानक हो जाता है। यहाँ तक कि कभी-कभी तो इन समुद्रों में जहाज चल ही नहीं पाते।

उस समय हवा की गति का ज्ञान बहुत कम था, इसलिए वास्को डि गामा उस मौसम में रवाना हुआ, जो यात्रा के लिए बहुत खराब था। वह जुलाई 1493 को लिस्बन से रवाना हुआ और सामनेवाली हवा के झोंके

खाता हुआ चार महीने में केप गुड होप पहुँचा। उस समय हवा कुछ शांत हो गई थी, इसलिए वह आसानी से केप गुड होप से आगे बढ़ गया।

इस समय तक यूरोप का कोई भी जहाज केप ऑफ गुड होप से आगे नहीं गया था। वास्को डि गामा जहाजों को अफ्रीका के किनारे-किनारे ईशान कोण की ओर चलाने लगा। मार्ग में वह प्रत्येक बंदरगाह पर ठहरता था। मेलिडा बंदरगाह पर वह अधिक समय तक ठहरा। यहाँ उसने जहाजों की मरम्मत की। इस अफ्रीका खंड के प्रत्येक स्थान के निवासी उसे असभ्य, जंगली और विद्या, कला, व्यापार के ज्ञान से हीन मिले। उनकी शक्ल-सूरत और परंपराएँ यूरोप के लोगों से सर्वथा भिन्न थीं। वह जैसे-जैसे वहाँ से आगे बढ़ता गया, वैसे-वैसे उसे खूबसूरत और सभ्य मनुष्य मिलते गए।

आगे चलकर उसे एशिया खंड के सुंदर और विद्वान् मनुष्य मिलने लगे, जिनमें अधिकांश मुसलमान थे, जो व्यापार, शिल्प आदि के मामले में काफी विकसित थे। भारत की कारीगरी के नमूने भी उसे मिलने लगे। यह कारीगरी यूरोप में कहीं अधिक उन्नत और आकर्षक थी। मेलिडा के बंदरगाह पर उसे भारत से गए हुए कई जहाज भी मिले। अब तो उसकी खुशी का ठिकाना नहीं रहा।

यहाँ से एक मुसलमान को रास्ता दिखाने के लिए उसने अपने जहाज पर रख लिया। लगातार दिन-रात यात्रा करते हुए वास्को डि गामा के तीन जहाजों का वह छोटा सा बेड़ा 22 मई, 1498 को भारत के मालाबार बंदरगाह पर पहुँच गया।

यह पहला दिन था जब यूरोपवासियों के चरण भारत की भूमि पर पड़े थे। यहाँ का वैभव, धन, सौंदर्य, शिल्प, व्यापार और यहाँ के पशु, पक्षी, शहर, मेले, तमाशे, नदी, पहाड़ तथा सुंदर दृश्य देखकर वास्को डि गामा की आँखें तृप्त हो गईं। उसने जैसा कहानियों में सुना था, यहाँ का वैभव उससे कहीं अधिक पाया।

वह भारत से 14 सितंबर, 1499 को स्वदेश रवाना हुआ। पुर्तगालियों ने भारत से लाई गई चीजों को देखा और इस उपकार के लिए वे उसके बहुत ही आभारी हुए।

इस प्रकार पंद्रहवीं शताब्दी में यूरोपवासियों को जितना पृथ्वी का ज्ञान हुआ, उतना किसी और समय में नहीं हुआ था। एक तो किसी को बहुत दूर तक जाने का साहस ही नहीं होता था और अगर कोई साहस करता भी था तो विपत्तियों के मारे उसे वापस लौटने के लिए मजबूर होना पड़ता था।

जैसे-जैसे नए देशों का पता लगता गया, वैसे-वैसे जहाजियों का साहस बढ़ता गया और लोग लंबी-लंबी यात्राएँ करने लगे। अफ्रीका खंड के किनारे पर केप डिवेर्ड और केप नोन के बीच केवल बारह अंशों का अंतर है, पर इन्हीं के बीच की यात्रा लगभग पचास वर्षों में शुरू हो पाई। विषुवत् वृत्त से आगे दूसरे गोलार्द्ध में जाने में लगभग तीस बरस लग गए। इससे आगे सात बरस में पश्चिमी महाद्वीप अमेरिका का पता लगा। पूरब के अनजान समुद्र को पार करके सभ्य और अत्यंत विकसित देश भारत का पता लगाने में भी कुछ कम समय नहीं लगा। भारत का पता लगने के बाद यूरोपवासियों का उत्साह सैकड़ों गुणा बढ़ गया। वे बड़े उत्साह के साथ इस देश के साथ संपर्क बढ़ाने लगे।

यह बात सच है कि सफलता से उत्साह बहुत बढ़ जाता है। जब कोई मनुष्य किसी काम में कामयाब हो जाता है, तब उसकी हिम्मत और अधिक कार्य करने की होती है। यह बात जिस तरह एक मनुष्य पर लागू होती है, उसी तरह एक जाति या एक देश पर भी लागू होती है। उस समय स्पेन के निवासी अपनी अकर्मण्यता के लिए यूरोप भर में बदनाम थे। उनका देश समुद्र के किनारे स्थित था, इसके बावजूद वे समुद्री विद्या के जानकार नहीं थे और व्यापार आदि के मामले में तो वे काफी पिछड़े हुए थे।

परंतु कोलंबस ने उनकी अकर्मण्यता को दूर करने का प्रत्यत्न किया। उसके कर्ममय पारस के स्पर्श से स्पेनवासियों का आलस्यरूपी लोहा पुरुषार्थ के स्वर्ण में परिवर्तित होने लगा। अब वे अपने-अपने खर्च से जहाज बनवाकर पृथ्वी के अलग-अलग हिस्सों का पता लगाने की तैयारी करने लगे। स्पेन देश की आमदनी अधिक नहीं थी और उस पर कर्ज बहुत अधिक हो चुका था। इसलिए दरबार की इच्छा थी कि प्रजा में

से ही कुछ लोग इस काम के लिए तैयार हों तो अच्छा हो।

जब कुछ साहसी लोगों ने अपने खर्च से नए देशों का पता लगाने की इच्छा प्रकट की तब राजा-रानी ने उन्हें सहर्ष मंजूरी दे दी। सबसे पहले एलेंसो डि ओजेडा नामक साहसी पुरुष ने नए देश खोजने की अनुमति माँगी। ओजेडा कोलंबस के साथ दूसरी समुद्री यात्रा में गया था और उसे समुद्री यात्रा का अनुभव था। उसकी साख अच्छी थी। महाजनों ने वादा किया था कि अगर ओजेडा को समुद्री अभियान की इजाजत मिल जाएगी तो वे उसके लिए चार जहाज मुहैया करवा देंगे।

पर वास्तव में ओजेडा को पश्चिमी महाद्वीप की ओर जाने की आज्ञा देने का अर्थ कोलंबस के साथ दरबार का विश्वासघात हो सकता था। राजा-रानी ने जिन नियमों पर दस्तखत कर दिए थे, उन पर इस समय तनिक भी विचार नहीं किया गया। यह सच है कि इसमें कोलंबस के शत्रुओं का भी हाथ था, पर फिर भी राजा-रानी को कोलंबस का अहसान इतनी जल्दी नहीं भूलना चाहिए था।

ओजेडा को मार्ग का पूरा-पूरा ज्ञान नहीं था, इसलिए स्पेन के राजमंत्रियों ने कोलंब की यात्रा का विवरण उसने विस्तार से लिखकर भेजा था—ओजेडा को सौंप दिया। एक मनुष्य के यश को छीनकर दूसरे को दे देने के बराबर संसार में कोई अन्याय नहीं है, एक मनुष्य के सिर से यश का मुकुट उतार लेना, उसे मार डालने से भी अधिक गलत आचरण है। जिस स्पेन देश पर कोलंबस ने असीम उपकार किया, उसी देश के राजा-रानी ने उसी के बनाए हुए नक्शे के अनुसार यात्रा करने का ओजेडा को अधिकार दे दिया और उसे भेज भी दिया।

कोलंबस अमेरिका के दक्षिणी किनारों तक जाकर लौटा था, पर पर्याप्त सामान न होने के कारण अधिक आगे नहीं जा सका था। ओजेडा उसके नक्शों के आधार पर अमेरिका की प्रदक्षिणा कर आया। इससे लोगों में यह बात फैल गई कि ओजेडा ने एक बड़े देश की खोज की है।

इस यात्रा में एक अमेरिगो नामक व्यक्ति भी गया था, जो फ्लोरेंस नगर का निवासी था। वह उस यात्रा में किस ओहदे पर था, इसकी जानकारी तो उपलब्ध नहीं है, पर इसमें संदेह नहीं कि वह समुद्री विद्या

का अच्छा जानकार था। शायद इसी वजह से मल्लाह उसकी बात मानते थे। यात्रा से लौटने के बाद अमेरिगो ने समुद्री यात्रा का हाल अपने एक मित्र को लिख भेजा।

वह बड़ा बातूनी और घमंडी था, इसलिए अपने पत्र में उसने ऐसा वर्णन किया, जैसे बड़े देश की खोज उसने ही की थी। यह वर्णन उसने बहुत ही मनोरंजक ढंग से लिखा था और उसमें वहाँ के लोगों के रहन-सहन और फसल आदि का भी विवरण दिया था। लोगों को नए देशों का वर्णन पढ़ने का बड़ा चाव था, इसलिए उसका पत्र काफी चर्चित हो गया।

लोगों ने समझा कि इस बड़े देश की खोज अमेरिगो ने ही की है, इसलिए उन्होंने उस देश का नाम अमेरिका रख दिया और धीरे-धीरे वह अमेरिका के नाम से ही प्रसिद्ध हो गया। इस धूर्त व्यक्ति ने अमेरिका के वास्तविक खोजकर्ता कर्मवीर कोलंबस का कीर्तिमुकुट उतारकर अपने सिर पर रख लिया था।

कोलंबस के साथ जितने अन्याय किए गए, उन सबमें यह सबसे अधिक पीड़ादायक था। बरसों अथक परिश्रम कर कोलंबस ने जो उपलब्धि हासिल की थी, उसे अमेरिगो ने धूर्तता के साथ चुरा लिया था।

इसी साल दूसरे देशों से भी नवीन देशों की खोज करने के लिए समुद्री यात्राएँ की गईं। कोलंबस के ही कारण सैकड़ों मनुष्यों में असीम कष्ट सहकर समुद्री अभियान चलाने की हिम्मत आई थी। कोलंबस के बाद जिन-जिन लोगों ने नए द्वीपों का पता लगाया और जिन्हें सफलता हासिल हुई, उनमें से ज्यादातर कोलंबस के ही शिष्य थे। कोलंबस के साथ यात्रा करके ही उन लोगों ने इस विषय का ज्ञान प्राप्त किया था।

ओजेडा के समान एलेंसो निन्यो ने भी, जो पिछले अभियान में कोलंबस के साथ गया था, एक व्यापारी कंपनी के साथ साझेदारी कर दो जहाजों का बेड़ा बनाकर समुद्री अभियान शुरू किया। निन्यो और उसके साझीदार किसी नए देश का पता नहीं लगा सके, मगर वे जहाजों में स्वर्ण-मोती भरकर लाए, जिसे देखकर स्पेनवासी दंग रह गए।

जो पिनजोन पहली यात्रा में कोलंबस के साथ रहा, वह भी सन् 1500 में चार जहाज लेकर नए देश खोजने के लिए निकला। वह बड़े

साहस के साथ दक्षिण की ओर विषुवत् वृत्त से आगे निकल गया और वहाँ उसने भी कई देशों का पता लगाया।

अमेरिका महाद्वीप के अलग-अलग हिस्सों का पता पंद्रहवीं शताब्दी के अंत में लगा। जब वास्को डि गामा की भारत की खोज का समाचार पुर्तगाली लोगों को मिला तो वे बड़े प्रसन्न हुए। उनके राजा ने एक विशाल जहाजी बेड़ा तैयार करवाया और काब्राल नामक वफादार व्यक्ति को उसका नेतृत्व सौंपा। काब्राल को मालूम था कि अफ्रीका के किनारे-किनारे चलने से प्रतिकूल हवा का सामना करना पड़ता है, इसलिए वह इस हवा से बचने के लिए दक्षिण की ओर चला गया।

जब वह विषुवत् वृत्त से दक्षिण दस अंश पर पहुँचा, तब अपने आपको एक नए देश के किनारे पाकर उसे बहुत आश्चर्य हुआ। पहले उसने समझा कि यह अटलांटिक महासागर का कोई ऐसा देश है, जिसे अभी तक किसी ने नहीं देखा है, पर बाद में उसने अनुमान लगाया कि वह किसी बड़े द्वीप का ही एक हिस्सा था।

उसका यह अनुमान ठीक भी था। वह जिस स्थान पर पहुँचा था, वह दक्षिण अमेरिका के ब्राजील नामक प्रदेश में था। उसने वहाँ उतरकर पुर्तगाल के राजा के नाम से उस पर कब्जा कर लिया। यह समाचार जहाज के द्वारा पुर्तगाल भेज दिया गया, लोग इन सारे देशों की खोज का श्रेय अलग-अलग लोगों को देते हैं, पर इसमें संदेह नहीं कि इन सबका वास्तविक खोजकर्ता कोलंबस था। लोगों को उसी से समुद्री अभियान चलाने की प्रेरणा और हिम्मत मिली थी।

स्पेन और पुर्तगाल के जहाजियों के बार-बार आने-जाने से कोलंबस के खोजे हुए देशों का ऐश्वर्य सबके सामने प्रकट हो गया, परंतु उसे इस महान् कार्य के बदले जो सम्मान मिलना चाहिए था, वह लोगों की जलन और स्पेन के राजा की अहसानफरामोशी के कारण नहीं मिल सका।

रोल्डन के साथ समझौता कर लेने के कारण हिस्पानिओला में असंतोष दब जरूर गया था, पर बगावत की आशंका अभी भी बनी हुई थी। बहुत से लोग तो अब तक कोलंबस के विरुद्ध ही थे। विद्रोह को शांत करने और कॉलोनी में प्रशासन तंत्र को मजबूत करने में जुटे रहने के

कारण कोलंबस स्पेन में अपने खिलाफ रची जा रही साजिशों की तरफ ध्यान नहीं दे पाया। सेन डोमिंगो में बहुत से ऐसे लोग स्पेन चले गए थे, जो कोलंबस से नाराज थे। उन लोगों की बदहाली और तकलीफ देखकर स्पेनवासियों को उन पर तरस आया। जनता ने उन लोगों की बातों को सही समझते हुए कोलंबस को गुनहगार समझना शुरू कर दिया।

कोलंबस के खिलाफ संगीन आरोप लगाते हुए ये लोग राजा-रानी के पास अर्जियाँ भेजने लगे। जैसे ही राजा-रानी सैर करने के लिए बाहर निकलते, ये लोग उनको घेर लेते और अपनी बदहाली बताते हुए कोलंबस को दंडित करने की माँग करते। जब कोलंबस के परिजन घर से बाहर निकलते तो ये लोग उनसे कहते, "तुम्हारे कोलंबस ने ऐसे बदतर देश तलाश किए, जहाँ जाकर हम लोगों की ऐसी बदतर हालत हो गई।"

राजदरबार में कई लोग कोलंबस को नापसंद करते थे और उन्होंने समुद्री अभियान की उसकी योजना का विरोध भी किया था। जब कोलंबस की योजना सफल हुई तो उसके शत्रु उसे परेशान करने के लिए नए-नए तरीके आजमाने लगे। अमेरिका से लौटे हुए लोगों को सबूत के तौर पर इस्तेमाल करते हुए वे लोग कोलंबस को गुनहगार बताने लगे।

राजा फर्डीनेंड भी कोलंबस से संतुष्ट नहीं था, इसलिए उसने भी लोगों की शिकायतों पर भरोसा कर लिया। इसका एक कारण यह भी था कि कोलंबस के खोजे हुए देशों से अभी तक बहुत ही कम आमदनी हुई थी। हालाँकि इन देशों से भविष्य में अधिक आमदनी होने की आशा थी और नए देश खोजने के कारण स्पेन का यश चारों ओर फैल गया था, पर इस लोभी और मंदबुद्धि राजा को इससे संतोष नहीं हो सका था।

उस समय समूचे यूरोप में स्पेन के लोगों को मंदबुद्धि माना जाता था। जिस काम में तुरंत लाभ नहीं होता, उसे वे मूर्खता का काम समझते थे। ऐसे ही विचारों के वशवर्ती होकर राजा ने सोचा कि अब तक इन नए खोजे गए देशों से अधिक लाभ नहीं हुआ, इसका कारण कोलंबस ही है।

कोलंबस की सबसे बड़ी हितैषी रानी इसाबेला थी, पर कोलंबस के खिलाफ बातें सुनते-सुनते उसके भी कान पक गए और वह भी सोचने लगी कि कोई-न-कोई बात जरूर होगी। कुछ धर्माधिकारियों ने भी

राजा-रानी से कोलंबस की शिकायत की।

जब रानी इसाबेला भी कोलंबस की निंदा पर ध्यान देने लगी तब वहाँ उसके हितों का समर्थन करनेवाला कोई नहीं रहा, फ्रैंसिस डि बोवाडिला नामक व्यक्ति को दरबार से आज्ञा दी गई कि हिस्पानिओला पहुँचकर वह कोलंबस के काम-काज की जाँच करे। अगर वह दोषी साबित हो तो शासनतंत्र से उसे अलग कर दिया जाए और बोवाडिला शासन की बागडोर अपने हाथ में ले ले।

कोलंबस के दोषी साबित होने पर इस न्यायाधीश को ज्यादा फायदा होनेवाला था, इसलिए अब कोलंबस को वास्तविक न्याय मिलने की कोई उम्मीद नहीं रही। इस समय तक कोलंबस ने द्वीप में शांति स्थापित कर ली थी और स्पेन तथा द्वीपवासियों को अधिक लाभ पहुँचाने के लिए उसने सोने की खानों में नए ढंग से काम शुरू करवा दिया था।

मगर इन सब कार्यों पर बोवाडिला की नजर नहीं थी, उसने तो मानो पहले से ही कोलंबस को गुनहगार बना डाला था। पूछताछ करने और सत्य का पता लगाने की जगह बोवाडिला ने हिस्पानिओला पहुँचते ही कोलंबस के आवास को चारों तरफ से घेर लिया। उस समय कोलंबस घर में मौजूद नहीं था। बोवाडिला ने जबरन किले और भंडार पर कब्जा कर लिया। साथ ही यह भी स्पष्ट कर दिया कि अब उस कॉलोनी का वही शासक था। कोलंबस के कैद किए हुए कैदियों को उसने आजाद कर दिया और उसे लिख भेजा कि तुम दरबार में हाजिर होकर मेरे सामने अपनी सफाई पेश करो। इस आज्ञा के साथ ही राजा फर्डीनेंड के आदेश पत्र की प्रतिलिपि भी उसने भेज दी।

राजा-रानी की इस नीचता और कृतघ्नता को देखकर कोलंबस को काफी तकलीफ हुई, पर उसने अपनी सफाई पेश करने में देर नहीं की। राजा के आदेश का सम्मान करते हुए, कोलंबस इस पक्षपाती और अत्याचारी न्यायाधीश के दरबार में उपस्थित हुआ। बोवाडिला ने उसे अपने करीब फटकने नहीं दिया और सैनिकों को आदेश दिया गया कि उसे बेड़ियाँ पहनाकर जहाज में बंद कर स्पेन भेज दिया जाए।

ऐसे संकट की घड़ी में भी कोलंबस ने धीरज कायम रखा। उसे

अपनी सच्चाई पर पूरा भरोसा था। वह अत्यंत गंभीर स्वभाव का व्यक्ति था। उसने इस अपमान को चुपचाप सहन कर लिया। उस समय वहाँ एक भी मनुष्य ऐसा नहीं था, जो कोलंबस के पक्ष में आवाज बुलंद कर सकता था।

बोवाडिला हिस्पानिओला में मनमानी करने लगा। जिसने जितने स्थानीय आदमी और जितनी जमीन माँगी, उसे उतने ही आदमी और उतनी ही जमीन दे दी। इससे खुश होकर लोग कोलंबस का मजाक उड़ाने लगे। जो लोग कोलंबस के विरुद्ध बगावत करने के लिए तैयार हुए थे, उन्हीं लोगों से बोवाडिला को उसके गुनहगार होने के सबूत मिल गए।

कोलंबस के खिलाफ झूठी मनगढ़ंत शिकायतों को बोवाडिला लिख लेता था और इस प्रकार कोलंबस के दोषों का एक गट्ठर तैयार करता रहा था। अंत में उसने दस्तावेजों को एकत्रित कर स्पेन भेज दिया। कोलंबस और उसके दोनों भाइयों को उसने बेड़ियाँ पहनवाकर कैद किया और उन तीनों को अलग-अलग जहाज में रखा, ताकि वे एक दूसरे से मिल-जुलकर आपस में दुःख-सुख की बातें न कर सकें।

जिस शख्स ने दिन-रात मेहनत करते हुए स्पेन का उपकार किया और जिसके हृदय में स्पेनवासियों के उपकार के सिवा दूसरी कोई भावना नहीं थी, उसको अपमानित होते देख स्पेनवासियों ने खुशी मनाई।

रास्ते पर पड़े हुए घास के तिनके पर जैसे कोई नजर नहीं डालता, वैसे ही कोलंबस की ओर किसी ने नजर उठाकर देखा तक नहीं। जिस भूखंड को संसार में सबसे पहले कोलंबस ने खोजा था, जहाँ उसने स्पेन का झंडा गाड़कर राज्य स्थापित किया था, जहाँ से सोने की डोलियाँ भर-भरकर उसने स्पेन दरबार की अर्चना की थी—उसी भूमि से कैद होकर संसार का वह महान् खोजकर्ता बेड़ियाँ पहने हुए स्पेन की ओर चल पड़ा।

यह सत्य है कि संसार के सब मनुष्य हृदयहीन नहीं होते। जहाज जैसे ही कुछ दूर पहुँचा, वैसे ही जहाज के कप्तान ने पूरे सम्मान से कहा कि इन बेड़ियों को खोल देने की आप मुझे आज्ञा दें! कोलंबस ने धैर्य के साथ उत्तर दिया, ''मेरे आदरणीय राजा और रानी के आदेश पर ये बेड़ियाँ मेरे पैरों

में डाली गई हैं और उनके इस आदेश को भी अपने सिर पर चढ़ाया है। मैं उनके आदेश से कैद हुआ हूँ और उन्हीं के आदेश से रिहा भी होना चाहता हूँ।'' यह कोलंबस की अगाध राजभक्ति का उदाहरण था।

मार्ग में किसी प्रकार की विपत्ति का सामना नहीं करना पड़ा। सही समय पर जहाज स्पेन पहुँच गया और राजा-रानी को कोलंबस के कैद करके लाए जाने का समाचार मिला। जब उन्हें यह मालूम पड़ा कि कोलंबस को बेड़ियाँ पहनाकर लाया गया था, तब वे अत्यंत विचलित हो उठे। उन्हें लगा कि इस तरह लोगों का विश्वास राजा-रानी के न्याय से उठ जाएगा, इसीलिए कोलंबस की बेड़ियाँ निकालने का उसी समय आदेश दिया गया।

उनके ध्यान में यह बात भी आई कि कोलंबस ने स्पेन पर महान् उपकार किया है, यह बात फैल जाएगी कि ऐसे खोजकर्ता के साथ ऐसा बुरा व्यवहार किया गया तो यूरोप हमारे ऊपर कृतघ्नता का दोष लगाएगा।

इस समय वे अपनी करतूत से सचमुच ही लज्जित हुए और उन्होंने कोलंबस को बंधनमुक्त करके पूरी इज्जत के साथ दरबार में लाने की आज्ञा दी। कोलंबस तत्काल ही उपस्थित हुआ और उसने राजा-रानी का अभिवादन किया। जज्बाती होने के कारण थोड़ी देर तक उसके मुँह से शब्द नहीं निकले। जब वह कुछ सहज हुआ तो उसने अपनी निर्दोषता सिद्ध करने के लिए स्पष्ट शब्दों में अपना पक्ष प्रस्तुत किया।

उसने बताया कि मैं सर्वथा निर्दोष हूँ और जो कुछ मैंने कार्य किए हैं, वे सब राज्य की जड़ मजबूत करने और आमदनी बढ़ाने के लिए किए हैं। मेरे शत्रु मुझे पसंद नहीं करते और वे मेरी इज्जत के साथ कीर्ति भी छीनने को तैयार हैं। इस बात को कोलंबस ने प्रमाण सहित साबित किया।

इससे राजा फर्डीनेंड ने उसका बड़ा सम्मान किया और रानी इसाबेला ने उसके साथ सहानुभूतिपूर्ण व्यवहार किया। उन्होंने कहा कि हमें इस विषय में कोई स्पष्ट जानकारी नहीं थी और जो अन्याय उसके साथ हुआ है, उसके लिए हमें खेद है।

राजा-रानी पर किसी प्रकार का आक्षेप न किया जा सके, इसलिए बोवाडिला को उसी समय पद से हटा दिया गया, पर पूर्व का पद कोलंबस

को नहीं दिया गया। हालाँकि राजा ने आश्वासन दिया था कि वह कोलंबस के शत्रुओं को दंडित करेगा, पर यह बात या तो दिखावे के लिए कही गई थी या कोलंबस को तसल्ली देने के लिए।

एक दूसरे व्यक्ति को हिस्पानिओला का शासक बनाकर भेज दिया गया और कोलंबस को दरबार में ही रखा गया।

जो लोग कोलंबस की पीड़ा का निदान करने का आश्वासन दे रहे थे, उन्हीं के द्वारा उसे एक और नया दुःख मिला। इससे यह साफ जहिर होता था कि उसके ऊपर का संदेह सर्वथा दूर नहीं हुआ था। इससे उसे मार्मिक पीड़ा हुई। कोलंबस को राजा-रानी के विश्वासघात से काफी तकलीफ पहुँची। वह सच्चा और ईमानदार था, इसलिए चुपचाप अन्याय बरदाश्त नहीं कर सकता था। वह कभी कहीं जाता, तब कृतघ्नता के प्रतीक के रूप में बेड़ियों को अपने साथ रखता था। बेड़ियों को उसने अपने घर के दरवाजे पर लटका दिया था और अपने परिजनों से कहा था कि मरने के बाद उसकी लाश के साथ उन बेड़ियों को भी दफनाया जाए।

आलसी स्पेनवासियों को पुरुषार्थ के जादुई स्पर्श से साहसी बनानेवाला कोलंबस जब इस प्रकार अपमानित हुआ तब नए देशों की खोज करने में जुटे दूसरे जहाजियों के मन में भी आशंका पैदा होने लगी, क्योंकि वे सभी कोलंबस के शिष्य थे, मगर जो सिलसिला शुरू हो चुका था, वह रुका नहीं।

सन् 1501 में जुआनाडिला ने दो जहाजों के साथ समुद्री अभियान शुरू किया। वह कोलंबस के साथ दो बार समुद्री यात्रा कर चुका था और समुद्री विद्या का जानकार माना जाता था। वह सीधे अमेरिका चला गया और टेरा फर्मा तक जा पहुँचा। अमेरिगो नामक जहाजी ने भी एक यात्रा की और इसी रास्ते से वह भी वहीं जा पहुँचा। इन यात्राओं से हालाँकि कुछ अधिक लाभ नहीं हुआ, पर स्पेनवासियों को अमेरिका के बारे में विस्तृत जानकारी जरूर हासिल हुई।

बोवाडिला ने हिस्पानिओला में कोलंबस के साथ अन्यायपूर्ण व्यवहार किया था। वह स्वयं भी इस बात को जानता था, इसलिए वह वहाँ के लोगों को खुश रखना चाहता था। वहाँ के लिए कोलंबस ने जो

शासन संबंधी नियम बनाए थे, उसने ठीक उनके विपरीत नए नियम बनाए। स्पेनिश लोगों में अपराधी, आलसी और दुराचारी व्यक्ति अधिक थे। उन्हें खुश करने के लिए उसने इतने अधिकार दे दिए कि वे निरंकुश होकर स्थापित लोगों पर जुल्म ढाने लगे।

इन दुष्ट लोगों ने स्थानीय निवासियों को अलग-अलग तरीके से सताना शुरू कर दिया। उनकी नजर हर समय सोने पर लगी रहती थी, इसलिए खानों पर वे स्थानीय लोगों से जानवरों की तरह व्यवहार करते थे। उनके साथ दया और इनसानियत का व्यवहार नहीं किया जाता था। स्थानीय निवासी कमजोर थे और मेहनत की उन्हें आदत नहीं थी। इसलिए इन सभ्य कहलानेवालों के अत्याचार से इतनी जल्दी मरने लगे कि अगर ऐसा ही अत्याचार कुछ समय तक और भी जारी रहता तो उस जाति का समूल नाश ही हो जाता।

इस घोर अत्याचार को रोकने के लिए नए प्रतिनिधि ओवान्दो का जाना आवश्यक हुआ। उसके लिए शीघ्र ही एक बेड़ा तैयार हुआ। 32 जहाजों में 2500 व्यक्तियों को अमेरिका में बसाने के लिए भेजा गया। ओवांदो जब हिस्पानिओला पहुँचा तब बोवाडिला को मजबूर होकर शासन का दायित्व उसके हाथ में सौंपना पड़ा।

बोवाडिला को आदेश दिया गया कि वह अपनी सफाई देने के लिए स्पेन पहुँचे। उसके साथ रोल्डन और दूसरे विद्रोहियों को भी स्पेन भेजा गया। इसके बाद एक अधिसूचना जारी की गई कि हिस्पानिओला के मूल निवासियों को स्पेन के राजा की स्वाधीन प्रजा समझना चाहिए और उनकी मरजी के खिलाफ तथा पूरी मजदूरी दिए बिना उनसे कोई भी काम नहीं लिया जाना चाहिए।

इस अधिसूचना के जारी होने के बाद स्पेनिश लोगों का अत्याचार काफी हद तक कम हो गया। इसके बाद यह पता चला कि लोग सोने की खानों से अधिक सोना निकालते हैं, तब यह आदेश दिया गया कि सोने पर सरकार का मालिकाना हक बनता है, इसलिए सोना सरकारी टकसाल में जमा किया जाए।

जिस समय कोलंबस के खोजे गए प्रदेश में यह व्यवस्था की जा

रही थी, उस समय वह स्पेन के कृतघ्न दरबार में अपने लिए इनसाफ की प्रार्थना कर रहा था, पर वहाँ उसकी योग्यता और सेवा पर कुछ भी विचार नहीं किया गया। उसकी प्रार्थना ठुकरा दी गई।

शर्तनामे के आधार पर कोलंबस ने अपने खोजे हुए प्रदेश के वायसराय का पद माँगा, पर अविचारी राजा ने सोचा कि कोलंबस के खोजे हुए देशों में भविष्य में काफी कमाई होगी, इसलिए शर्तनामे में दर्ज वादे के आधार पर कोलंबस को हक देना ठीक नहीं रहेगा, यही सोचकर वह टालमटोल का रवैया अपनाने लगा।

राजा ने इसाबेला के मन में भी यही बातें जमाकर वहम पैदा कर दिया। महान् खोजकर्ता कोलंबस दो सालों तक स्पेन के राजदरबार में मामूली अरजी देनेवाले नागरिक की तरह धक्के खाता रहा, पर नतीजा कुछ भी नहीं निकला। कोलंबस स्वयं सच्चा और निर्दोष था, मगर राजा अपने वादे से मुकरता जा रहा था। आखिरकार कोलंबस समझ गया कि इस पक्षपाती और कठोर स्वभाव के राजा से न्याय की उम्मीद करना ही व्यर्थ है।

कोलंबस को उसकी मेहनत का फल नहीं मिला। उसने स्पेनवासियों पर महान् उपकार किया और उन्होंने उसका चोरों और ठगों के समान अपमान किया। फिर भी वह महान् व्यक्ति था। उसका ध्यान अब भी इस ओर लगा हुआ था कि भारत पहुँचने के लिए नए मार्ग की तलाश किस तरह की जाए।

अमेरिका के जिस भाग को उसने देखा था और बाद में उसे जो जानकारियाँ मिली थीं, उससे उसने निश्चय किया कि अमेरिका से आगेवाला समुद्र पार करने पर भारत अवश्य मिलेगा।

कोलंबस की उम्र ढल चुकी थी। जीवन भर घोर परिश्रम और दिन-रात विचारों में लीन रहने के कारण उस पर बुढ़ापे का प्रभाव दिखाई देने लगा था। उसका शरीर कमजोर हो गया था, पर उसका कर्मवीर मन हमेशा एक ही विचार और एक ही धारा में बहा करता था। नवीन देश खोज निकालने का उत्साह उसके मन में पहले की तरह ही बना हुआ था।

उसकी योजना की सच्चाई सूरज की रोशनी की तरह चारों तरफ

फैल चुकी थी और प्रबुद्ध लोग उसकी प्रत्येक बात को सच मानने लगे थे। इसलिए राजा-रानी उसके विचारों पर संदेह करने के बारे में सोच भी नहीं सकते थे। वह अत्यंत ईमानदार और प्रामाणिक था। इन्हीं कारणों से राजा-रानी उसके सामने आँखें नहीं उठा सकते थे।

इसके अलावा कोलंबस के बताए हुए मार्ग से ही पुर्तगालियों ने भारत की खोज की थी। इस बात से भी कोलंबस की प्रखर बुद्धि का परिचय संसार को मिल गया था। यूरोप में उस समय कपड़ा, बरतन, तसवीरें आदि चीजें बहुत ही खराब बनती थीं। जब पुर्तगाली पहली बार भारत आए तो वे अपने साथ बढ़िया कपड़ा, ताँबे-पीतल के बरतन, तसवीरें और नक्काशी के काम की चीजें ले गए थे। यूरोपवासी उन चीजों की सुंदरता और बारीकी देखकर दंग रह गए थे। ऐसी चीजें यूरोप में मुँहमाँगी कीमत पर बेची गईं।

बाद में कई कंपनियाँ खुल गईं, जो भारत की चीजें ले जाकर यूरोप में बेचने लगीं। लिस्बन नगर की दुकानें भारत के माल से खचाखच भर गईं और पुर्तगाली लोग यूरोप की सभी जातियों से अधिक समृद्ध बन गए। स्पेनवाले अमेरिका के जंगली प्रदेशों की ओर गए थे, इससे उन्हें भविष्य में लाभ की आशा जरूर थी, पर इस समय तो उनके पल्ले विशेष कुछ न पड़ा था।

इधर भारत के उत्पादों के कारण पुर्तगाली धनी बन गए थे। इसलिए जब कोलंबस ने भारत का सीधा मार्ग खोजने का प्रस्ताव रखा तब स्पेनवालों ने उस प्रस्ताव के प्रति दिलचस्पी दिखाई। भारत का नाम सुनते ही फर्डीनेंड भी ललचा गया और उसने कोलंबस की भारत-यात्रा की योजना को मंजूरी दे दी।

हालाँकि कोलंबस को इस यात्रा से अधिक लाभ की उम्मीद थी, फिर भी उसे अभियान के लिए केवल चार छोटे-छोटे जहाज मिले। जो जहाज सबसे बड़ा था वह केवल सत्तर टन का था। थोड़ी सी सामग्री से भी कोलंबस को बड़े काम करने की आदत थी। वह उपकरण की ओर नहीं देखना जानता था—उसे अपने पुरुषार्थ पर भरोसा था।

इस यात्रा में कोलंबस का भाई बर्थोलोम्यू और उसका बड़ा बेटा भी

साथ था। 9 मई, 1503 को उसने यात्रा आरंभ की और नियमानुसार वह केनरी द्वीप की ओर रवाना हो गया। उसने कम समय में अमेरिका पहुँचने की योजना बनाई थी, पर उसका एक जहाज इतना सुस्त चलता था कि वह एक दिन का रास्ता ढाई दिन में तय करता था। इसलिए इस जहाज को ओवांदो के तेज जहाज से बदलने के लिए उसे हिस्पानिओला जाना पड़ा।

जब कोलंबस सेन डोमिंगो पहुँचा, तब वहाँ माल से भरे हुए अठारह जहाज स्पेन वापस जाने की तैयारी कर रहे थे। कोलंबस ने अपनी यात्रा की सूचना देकर बंदरगाह में घुसने की अनुमति माँगी। उसे जहाज बदलना था, साथ ही अपने अनुभव के आधार पर वह समझ गया था कि थोड़ी ही देर में भीषण तूफान आनेवाला था।

कोलंबस ने ओवांदो को भी सलाह दी कि वह अपने जहाजों को स्पेन भेजने का इरादा कुछ दिनों के लिए टाल दे। ओवांदो ने कोलंबस की सलाह की परवाह नहीं की, साथ ही उसे बंदरगाह में घुसने की अनुमति भी नहीं दी। एक अनजान परदेशी भी अगर संकट में हो तो लोग उसे आश्रय देकर उसकी सहायता करते हैं, पर एक महान् खोजकर्ता के अनुरोध को उसके उपकृत देशबंधुओं ने ही मानने से इनकार कर दिया।

कोलंबस समुद्री विद्या का जानकार और अनुभवी जहाजी था, पर ओवांदो ने उसकी तूफान की भविष्यवाणी पर उसका मजाक उड़ाया। उसने अठारह जहाजों के बेड़े को उसी समय स्पेन रवाना कर दिया। बेड़े के रवाना होने के दूसरे ही दिन रात में आकाश काले मेघों से घिर गया और भीषण तूफान आया।

कोलंबस कई दिन पहले से इस तूफान के आने का अनुमान लगा रहा था। इसलिए उसने रात भर जागकर अपने जहाजों को किसी तरह बचा लिया, पर उन अठारह जहाजों के बेड़े को इस गलती की त्रासद सजा मिली। उनमें से केवल दो जहाज बचे, बाकी सोलह डूब गए। इन जहाजों में कोलंबस के खिलाफ विद्रोह करनेवाले रोल्डन और उसके सहयोगी भी डूब गए। वे लोग सफाई देने के लिए स्पेन जा रहे थे।

इस तरह जिन लोगों ने निरीह द्वीपवासियों पर अत्याचार किया था और कोलंबस को परेशान कर डाला था, वे सब-के-सब तूफान के दौरान

समुद्र में डूब गए थे। द्वीपवासियों का शोषण कर उन लोगों ने जो सोना संग्रह किया था, वह भी समुद्र में डूब गया था।

जो दो जहाज बच गए थे, उनमें कोलंबस का जब्त किया हुआ माल था। लोग कहने लगे कि अगर इनमें कोलंबस का माल नहीं होता तो वे भी डूब जाते। वह सच्चा, ईमानदार और सदाचारी है। जिन लोगों ने उसके साथ विश्वासघात किया, उन्हें परमेश्वर ने दंड दिया है। अवश्य ही कोलंबस के भीतर कोई दैवी शक्ति है। उसी ने परमात्मा से प्रार्थना करके पापी लोगों को सजा दिलाने के लिए यह तूफान बुलाया था।

हिस्पानिओला में कोलंबस का जरा भी सम्मान नहीं किया गया, यहाँ तक कि उसे बंदरगाह में घुसने की इजाजत नहीं मिली। यहाँ से कोलंबस सीधे अमेरिका खंड की ओर चला। विपत्ति से भरी हुई लंबी यात्रा के बाद उसे ग्वानेआनो नामक द्वीप का पता चला। यहाँ के निवासी कुछ सभ्य और समझदार थे। वे डोंगियों पर बैठकर आए और कोलंबस से मिले। अब तक कोलंबस के देखने में जितने इंडियन लोग आए थे, उन सबमें ये अच्छे थे।

स्पेनवासी किसी भी द्वीपवासी के मिलने पर सबसे पहले इशारों से यही पूछा करते थे कि जिस सोने के गहने तुमने पहन रखे हैं, वह कहाँ मिलता है। इसी आदत के अनुसार यहाँ भी यह बात पूछी गई। उन लोगों ने पश्चिम की ओर हाथ उठाकर दिखाया।

अगर उस समय कोलंबस ने पश्चिम की ओर जहाज चलाए होते तो वह मेक्सिको के मनोरम प्रदेश में पहुँच सकता था, पर उसे तो भारत पहुँचने की धुन थी। इसलिए उसने अपने जहाज अज्ञात दक्षिणी समुद्र में डाल दिए। इस यात्रा में उसे केप ग्रेसियस का पता लगा। यह बंदरगाह अत्यंत सुंदर स्थान पर था, इसलिए कोलंबस ने इसका नाम 'ग्रेसियस' रखा। यहाँ के लोगों के पास से जो सोने की चीजें मिलीं, उनसे कोलंबस ने अनुमान लगाया कि यहाँ धन अधिक है और यहाँ की जमीन भी उपजाऊ है। इन सब बातों को देखकर उसे वहाँ राज्य स्थापित करने की धुन सवार हुई।

उसने अपने भाई के नेतृत्व में वहाँ कुछ नाविकों को छोड़कर स्पेन से राज्य स्थापित करने योग्य सामान लाने का विचार किया, पर यह बात सच है

कि अकर्मण्य लोग धरती पर बोझ होते हैं। स्पेनवासी अकर्मण्य थे। कोलंबस वहाँ राज्य की स्थापना करने के बारे में सोच ही रहा था कि उसके साथियों ने वहाँ के निवासियों को तरह-तरह से सताना शुरू कर दिया, पर वहाँ के निवासी अन्य द्वीपों के निवासियों की तरह कमजोर और डरपोक नहीं थे। जब स्पेनवाले उनकी चीजें लूटने लगे और उनकी स्त्रियों को भ्रष्ट करने लगे, तब वे लोग लड़ने के लिए तैयार हो गए। इस संघर्ष में कई स्पेनिश मारे गए और जो बचे, उन्हें भागकर अपने जहाजों में शरण लेनी पड़ी।

इस तरह कोलंबस की राज्य स्थापित करने की इच्छा स्पेनिश लोगों के कारण पूरी नहीं हो पाई।

अमेरिका के आदिम निवासियों से यूरोपवासियों की यह सबसे पहली हार हुई। कोलंबस को इस घटना से काफी तकलीफ पहुँची। इसी समय मौसम ने अपना रंग बदला। बड़े जोर से बिजली चमकने लगी और बरसात होने लगी। एक ओर नाविक नाराज हो रहे थे और दूसरी ओर खुराक खत्म हो चुकी थी। इसलिए किसी को भी भरपेट भोजन नहीं मिलता था। वैसे तो चारों ही जहाज निकम्मे थे, पर किसी तरह यात्रा कर रहे थे, मगर उनमें से एक डूब गया और दूसरा इतना खराब हो गया कि उसे साथ लेकर जाना असंभव हो गया। उसे वहीं छोड़ देना पड़ा।

कोई और उपाय न देखकर कोलंबस बचे हुए दो जहाजों को लेकर हिस्पानिओला की ओर रवाना हो गया। दूसरे ही दिन रास्ते में जोर का तूफान आया और बचे हुए दोनों जहाज भी आपस में टकराकर क्षतिग्रस्त हो गए। कोलंबस ने सूझ-बूझ का परिचय देते हुए किसी तरह जहाजों को सफर लायक बनाया और उन्हें जमाइका द्वीप तक ला सका।

कोलंबस को इस समय चारों ओर से विपत्तियों ने घेर लिया था। उसके दोनों जहाज इतने खराब हो गए थे कि मरम्मत करने पर भी उन्हें यात्रा करने लायक नहीं बनाया जा सकता था। हिस्पानिओला वहाँ से काफी दूर था। वहाँ किसी प्रकार से खबर पहुँचाना भी असंभव था, पर इस समय कोलंबस का धैर्य और विवेक उसके साथ था। उसके केवल इन्हीं गुणों के कारण स्पेनवालों के प्राण बचे, नहीं तो सब-के-सब मारे जाते।

जमाइका द्वीप के निवासियों की धारणा थी कि ये सफेद चमड़ीवाले

मनुष्य नहीं, स्वर्ग के देव हैं। इसलिए वे इनकी बड़ी खातिरदारी करते थे और उनकी इसी खातिरदारी की वजह से स्पेनवासियों की रक्षा हो पाई थी। वे लोग लंबे दरख्तों के तनों को बीच में पोला करके नावें बनाते थे। उन्हें तख्ते चीरना नहीं आता था। इन नावों से नदियाँ पार की जा सकती थीं और समुद्र के किनारे-किनारे भी घूमा जा सकता था, पर इनमें बैठकर लंबी यात्रा करना मौत के मुँह में पैर रखने के समान था। फिर भी स्पेनवालों ने उनसे दो नावें माँग लीं और द्वीपवासियों ने उन्हें देवता समझकर नावें दे दीं। कोलंबस के जो दो पक्के मित्र थे, उन्होंने नावों के द्वारा हिस्पानिओला जाने का निश्चय किया।

इन नावों पर बैठकर सौ मील का समुद्र पार करना बहुत ही कठिन काम था। इन दोनों साहसी वीरों ने यह दायित्व स्वीकार किया और कई द्वीपवासियों को अपने साथ सहायता के लिए लेकर चल पड़े। बड़ी कठिनाई से मुसीबतों का सामना करते हुए दस दिन के बाद वे हिस्पानिओला पहुँच गए। उन्हें इतनी मेहनत करनी पड़ी थी कि कई द्वीपवासी थकान की वजह से मर गए। इन लोगों की कठिनाइयों और कोलंबस के संकट पर हिस्पानिओला के शासक को ध्यान देना चाहिए था, पर उसने रुखाई का परिचय दिया। वह यही विचार करता रह गया कि कोलंबस को अपने अधीन टापू में आने दिया जाए या नहीं?

कोलंबस के दोनों विश्वासी मित्र आठ महीने तक हिस्पानिओला के शासक के सामने गिड़गिड़ाते रहे कि एक जहाज भेजकर उस महापुरुष की जान बचाइए, पर शासक के ऊपर कोई प्रभाव नहीं पड़ा।

इधर कोलंबस और उसके साथियों की तकलीफ प्रतिदिन बढ़ती जा रही थी। वे रोज उम्मीद के साथ अनंत समुद्र की ओर आँखें फाड़-फाड़कर देखते थे, पर सहायता के लिए कोई दिखाई नहीं देता था। दोनों मित्रों के रवाना होते ही कोलंबस के साथियों को विश्वास हो गया था कि जल्द ही कोई जहाज आकर हमारा उद्धार करेगा, जब महीनों बीत गए तब उनकी उम्मीद कमजोर होती गई और वे समझ गए कि दोनों साहसी वीर समुद्र में डूब गए। इस उम्मीद के टूटते ही अब उन्हें अपनी दशा और भी अधिक दयनीय लगने लगी। उन्हें ऐसा महसूस होने लगा

कि अपने परिवार और देश से दूर होकर जीवन भर उन्हें उसी टापू के असभ्य निवासियों के साथ वक्त गुजारना पड़ेगा। वे अपनी दुर्दशा के लिए कोलंबस को दोषी ठहराने लगे और बात-बात पर उसे कोसने लगे।

उस टापू के निवासियों ने सोचा था कि ये लोग स्वर्ग से धरती देखने आए हैं और कुछ दिनों में ही चले जाएँगे, पर जब कई महीने गुजर गए तो वे खाद्य पदार्थ की किल्लत की वजह से झुँझलाने लगे। वे खाद्य पदार्थ देने में आनाकानी करने लगे। इसी दौरान स्पेनिश लोगों ने वहाँ की स्त्रियों का सतीत्व हरण भी किया था, जिसकी वजह से द्वीप के लोग उनसे नाराज रहने लगे थे। अगर इन लोगों के बीच कोलंबस जैसा बुद्धिमान मनुष्य नहीं होता तो स्पेनवाले मारे जाते। कोलंबस ने चतुराई से एक ऐसी युक्ति निकाली, जिससे द्वीपवासी उनका पहले से भी अधिक सम्मान करने लगें। कोलंबस ज्योतिषशास्त्र का जानकार था उसे पता चला कि चंद्रग्रहण लगनेवाला था। ग्रहण के दिन उसने द्वीपवासियों को कहा, 'तुम लोग पहले की तरह हमारा आदर नहीं करते, इसलिए परमात्मा तुम लोगों से नाराज है और तुम लोगों को सजा देना चाहता है। अगर तुम्हें परमात्मा का क्रोध देखना हो तो तुम आज रात में मेरे साथ रहो। तुम्हें चंद्रमा की रोशनी काली नजर आएगी और परमात्मा तुम्हें रोशनी नहीं देगा।'

जब रात में चाँद धीरे-धीरे काला होने लगा, तब द्वीपवासी डर के मारे अपने-अपने घरों में छिप गए। इस घटना के बाद वे पहले की तरह स्पेनवालों की खातिरदारी करने लगे।

इसी समय हिस्पानिओला के शासक ने आठ महीने बाद एक छोटी नाव इसलिए भेजी कि उन लोगों की दशा मालूम की जाए कि वे जीवित हैं या मर गए। नाविक कोलंबस के नाम चिट्ठी लेकर आया था। कोलंबस ने उसका उत्तर लिखकर दे दिया। नाविक हिस्पानिओला लौट गया। कोलंबस के साथी हताश होकर उसे जाते हुए देखते रहे। लंबे इंतजार के बाद हिस्पानिओला से उनको लेने के लिए एक जहाज आ गया। उस पर सवार होकर सब लोग हिस्पानिओला पहुँच गए। इस तरह हिस्पानिओला के शासक की नीचता की वजह से कोलंबस को एक साल तक टापू में कैद रहकर असीम कष्ट झेलने पड़े।

जब कोलंबस सेन डोमिंगो पहुँचा तब वहाँ के शासक ने, जो वास्तव में उसकी मौत चाहता था, दुनिया को दिखलाने के लिए उसका राजा की तरह सम्मान किया और अपने महल में ठहराया। यह सब करते हुए भी वह कोलंबस के प्रति अपने द्वेष को छिपा नहीं सका।

कोलंबस ने यात्रा की तैयारी की और दो जहाज लेकर स्पेन की ओर चल पड़ा। प्रकृति कमर कसकर कोलंबस को हटाने के लिए मुस्तैद थी। विपत्तियाँ हाथ धोकर उसके पीछे पड़ी हुई थीं। उसे यात्रा करते हुए अभी कुछ ही समय हुआ था कि जोर का तूफान आया और उसमें उसका एक जहाज डूब गया और दूसरा जहाज खराब हो गया।

यह जहाज लगभग 2100 मील तक बहता चला गया। कोलंबस ने सूझ-बूझ के साथ जहाज को नियंत्रित करने का प्रयास किया। अंत में जैसे-तैसे कई महीनों में वह सेंट लूकिस नामक बंदरगाह पर पहुँचा।

बंदरगाह पर पहुँचते ही कोलंबस को एक बुरा समाचार मिला। उसे पता चला कि उसकी शुभचिंतक रानी इसाबेला अब दुनिया में नहीं रहीं। वास्तव में समूचे स्पेन में सिर्फ रानी इसाबेला ही कोलंबस के हितों की परवाह करती थी और वही अब नहीं रही। कोलंबस को इस खबर से काफी तकलीफ पहुँची।

राजा फर्डीनेंड संवदेनहीन और कृतघ्न था। कोलंबस को उम्मीद नहीं रही कि उसके साथ कोई इनसाफ हो पाएगा या उसे उसका हक दिया जाएगा।

कोलंबस अब वृद्ध हो चुका था। उसका शरीर वक्त के थपेड़े खाकर काफी कमजोर हो चुका था। कुछ समय तक आराम करने के बाद जब वह दरबार में उपस्थित हुआ तब राजा ने उसका जरा भी सम्मान नहीं किया। राजा के अपमानजनक बरताव को सहन करते हुए भी उसने बार-बार अर्जियाँ देकर प्रार्थना की कि उसके साथ जो वादा किया गया था, वह पूरा किया जाए।

अगर कभी राजा से मुलाकात हो जाती थी तो टालने के अंदाज में राजा उसे कुछ आश्वासन दे देता था, पर वास्तव में वह कोलंबस का हक देने के लिए तैयार नहीं था।

कोलंबस को भी यह अहसास होने लगा था कि उसके साथ किया गया वादा राजा कभी पूरा नहीं करेगा। कोलंबस की तबीयत लगातार बिगड़ती जा रही थी। राजा को लगने लगा था कि जल्द ही इस मुसीबत से छुटकारा मिल जाएगा।

कृतघ्न राजा की आशा पूरी हुई। जिस देश और जिस राजा की उसने आजन्म सेवा की, जिसके यश का विस्तार उसने संसार भर में कर दिया, जिसके साम्राज्य के आकार को उसने कई गुणा बढ़ा दिया, जिस आलसी स्पेनिश जाति को उसने संसार की एक प्रतिष्ठित जाति का दरजा प्रदान किया—वही कोलंबस उन्हीं मनुष्यों के अत्याचारों से जर्जरित होकर अट्ठावन वर्ष की आयु में इस संसार से विदा हो गया।

□

कोलंबस के प्रति राजा की कृतघ्नता

पीड़ादायक दो बरस

कोलंबस लगभग ढाई साल तक स्पेन से दूर रहा। वह खराब सेहत के साथ वापस लौटा और अपने जीवन के अंतिम दो सालों में, जहाँ अपनी प्रतिष्ठा पर लगी कालिख को धोने की कोशिश करता रहा, वहीं अपने पुत्रों के भविष्य को सँवारने के लिए भी यत्न करता रहा।

26 नवंबर को इसाबेला का देहांत हो चुका था। उसके कुछ दिनों बाद ही वह लौटा था। फर्डीनेंड उसके प्रति उपेक्षापूर्ण व्यवहार करता रहा और इन दिनों नए स्थानों की खोज करने की जगह दूसरे मामलों में उलझा हुआ था। वह यह सोचकर संतुष्ट था कि नई कॉलोनियों से सोना लाने का तरीका कोलंबस नहीं जानता था और आखिरी समुद्री यात्रा के समय पूरब दिशा में अभियान शुरू करने का वादा पूरा नहीं किया गया था।

जब कोलंबस जमाइका में निर्वासित जीवन बिता रहा था, उस समय भी इसाबेला ने उसके प्रति अपने सद्भाव को प्रदर्शित करते हुए उसके बड़े पुत्र को अपना अंगरक्षक बनाया था। यह एक मानद पद था, जिसके बदले आकर्षक वेतन दिया जाता था। सेन डोमिंगो में कोलंबस के हितों का ध्यान रखनेवाला डिएगो मेंडेज जब स्पेन लौटा तो रानी ने उसे उच्च पद देकर सम्मानित किया।

इस तरह स्पष्ट है कि रानी महान् खोजकर्ता कोलंबस की उपलब्धियों

को भूली नहीं थी और वह उसके साथ समुचित न्याय करना चाहती थी। रानी की मृत्यु होने से कोलंबस ने अपनी एक शुभचिंतक को गँवा दिया था।

सेविल में कोलंबस

सेविल पहुँचने के बाद कोलंबस चाहता तो बिना कुछ किए केवल विश्राम कर सकता था, मगर वह हाथ-पर-हाथ धरकर बैठे रहनेवाला इनसान नहीं था। जो मल्लाह उसके साथ अंतिम समुद्री अभियान पर गए थे, उन सबके पारिश्रमिक दिलवाने के लिए वह सक्रिय हो उठा था। इनमें से कई मल्लाह उसके प्रति कृतघ्न थे और जो राजा का सम्मान नहीं करते थे। कोलंबस ने उन लोगों की कृतघ्नता को नजरअंदाज करते हुए दरबार में कहा कि मल्लाहों ने जान की बाजी लगाकर अभियान को सफल बनाया था, इसीलिए उन लोगों को उनका हक जरूर मिलना चाहिए।

इस अवधि में अपने पुत्र के नाम लिखे गए एक पत्र में कोलंबस ने लिखा था, ''कास्टाइल में मेरे सिर के ऊपर कोई छत नहीं है, मेरे पास खाने या सोने के लिए कोई जगह नहीं है, सिर्फ मुसाफिरखाने में मैं ठहरता हूँ और मैं इतना गरीब हूँ कि अपने खर्च का इंतजाम नहीं कर पाता।'' इन पंक्तियों से यह मतलब निकाला जाता है कि वह भिखारियों की तरह बदहाली की जिंदगी गुजारने के लिए मजबूर हो गया था। इस दुनिया को यह बताने की कोशिश की गई कि कई टापुओं की खोज कर अकूत दौलत हासिल करनेवाला खोजकर्ता दर-दर भटकने के लिए मजबूर हो गया था, मगर यह लोगों की मनगढ़ंत कहानियाँ ही कही जा सकती हैं।

इसमें कोई शक नहीं कि वह अकसर आर्थिक तंगी का सामना करता था। अपने पुत्र के नाम लिखे गए दूसरे खत में उसने लिखा है, ''मुझे कर्ज लेकर गुजारा करना पड़ता है।'' एंडालुसिया में स्थापित जेनोआ के कर्जदाताओं से उसने काफी कर्ज ले रखा था। पत्र के जरिए वह पुत्र को मितव्ययी बनने की सलाह देता है, साथ ही वह उसे रकम भेजने की सूचना भी देता है।

दिसंबर महीने में हिस्पानिओला में एक लेन-देन ऐसा हुआ, जो आज के पाँच लाख डॉलर के बराबर था। इसीलिए यह समझना सही

नहीं होगा कि वह इतना बदहाल था कि उसके लिए ठीक से गुजारा कर पाना मुश्किल हो गया था। दूसरी तरफ पत्र व्यवहार से पता चलता है कि 15 अप्रैल, 1505 को राजा ने आदेश दिया था कि कोलंबस को मुनाफे में मिलनेवाली दस प्रतिशत राशि राजकोष में जमा करवाई जाए, ताकि कोलंबस के कर्जों की भरपाई की जा सके।

राजा ने हिस्पानिओला में तैनात शाही प्रतिनिधि को यह भी निर्देश दिया था कि वहाँ कोलंबस की सारी संपत्ति बेच डाली जाए। हैरीस ने इन ब्योरों को सावधानीपूर्वक एकत्रित किया है और लिखा है कि अंतिम आदेश का वास्तविक अर्थ समझा नहीं जा सकता।

तबीयत बिगड़ना

जमाइका मामले की आधिकारिक प्रक्रिया जब यूरोप में शुरू हुई तब कोलंबस ने दरबार में जाने का निश्चय किया। उसकी यात्रा की सारी तैयारियाँ की गईं, मगर तबीयत ठीक नहीं होने के कारण उसे इरादा बदलना पड़ा। उसने अपना पक्ष रखते हुए पत्र लिखा। उसके पत्र लंबे होते थे और उनमें विस्तृत विवरण होता था, मगर उन्हें गौर से पढ़ा नहीं जाता था। कोलंबस सिर्फ रात के वक्त लिख पाता था, दिन के वक्त उसके लिए लिख पाना संभव नहीं होता था।

राजा के नाम खत

उसने राजा का ध्यान इस बात की तरफ आकर्षित किया कि टापुओं पर शाही हितों का अच्छी तरह ध्यान नहीं रखा जा रहा था। उसने लिखा कि ओवांदो राजा की सेवा करना जरूरी नहीं समझता था। उसने स्पष्ट किया कि उसकी प्रशासन नीति अन्य लोगों की तुलना में अधिक विवेकपूर्ण थी।

लेकिन अब वह अधेड़ हो चुका था। दरबार में उसके लिए जाना संभव नहीं रह गया था। वह दक्षिणी समुद्र तक सीधे जाने का लक्ष्य लेकर चला था, मगर सफल नहीं हो पाया था। उसने भले ही सोने की नई खानों की खोज की थी, मगर ज्यादा सोना लेकर वह स्पेन नहीं लौट पाया था। उसे दरबार की तरफ से औपचारिक और अपर्याप्त किस्म के उत्तर मिल

रहे थे। दरबार में एक तरफ पोरास बंधु अपने आरोप पेश कर रहे थे, दूसरी तरफ डिएगो मेंडेज और कारवाजल कोलंबस का पक्ष रख रहे थे।

सिगोविया की यात्रा

जीवन की शाम करीब आती जा रही थी। इस दौरान पुत्र के नाम लिखे गए कोलंबस के ग्यारह पत्र मिलते हैं। इन पत्रों से पता चलता है कि फरवरी 1505 तक वह सेविल में था। लास केसास ने लिखा है कि मई में वह सिगोविया चला गया, जहाँ से बीमारी की हालत में ही वह सालामांका और वेलाडोलिड के राजदरबार में पेश हुआ।

सालामांका और वेलाडोलिड

हमेशा की तरह उसका स्वागत शालीनतापूर्वक किया गया, मगर ऐसा कोई भाव नहीं दरशाया गया, जिससे किसी तरह का लगाव झलकता हो। कुछ दिनों के बाद कोलंबस ने अनुरोध किया कि उसके नुकसानों की भरपाई करने के लिए ठोस कदम उठाया जाना चाहिए और मुनाफे में हिस्सा देने का जो वादा उससे पहले किया गया था, उसे पूरा किया जाना चाहिए। राजा ने कहा कि अब तक मामले पर जो भी कारवाही हुई थी, उस पर एक परामर्शकमंडली विचार करनेवाली थी। कोलंबस ने अनुरोध किया कि आर्कबिशप डिएगो डि डेजा को मध्यस्थ बनाया जाना चाहिए।

न्याय की उम्मीद

डिएगो डि डेजा ने आरंभिक दिनों में सालामांका में कोलंबस की योजना का समर्थन किया था। राजा उसे मध्यस्थ बनाने के लिए तैयार हो गया, मगर उसने शर्त रखी कि जिन मुद्दों पर कोलंबस को संदेह था, उन पर मध्यस्थता के दौरान विचार नहीं किया जाएगा, ऐसे मुद्दों में वायसराय के पद पर कोलंबस की बहाली का मुद्दा भी शामिल था।

कोलंबस अपनी प्रतिष्ठा से जुड़े मुद्दे को लेकर सजग था। उसे अपने पद की तुलना में अन्य सारे मामले महत्त्वहीन लग रहे थे। वह इंडीज का वायसराय था और इस बात पर किसी तरह के संदेह की गुंजाइश वह

नहीं समझता था। इस तरह दावों पर विचार करने की प्रक्रिया स्थगित हो गई। उसकी मृत्यु के बाद ऐसे मामलों पर विचार करने की कोई जरूरत ही नहीं रह गई थी।

अपने लिए न्याय पाने की उम्मीद के साथ कोलंबस ने अनुरोध किया कि उसके पुत्र डिएगो को उसकी जगह वायसराय बनाकर हिस्पानिओला भेज दिया जाए, मगर राजा ने इस अनुरोध को स्वीकार नहीं किया।

फिलिप और जुआना

राजा द्वीपों के प्रशासन पर ध्यान दे रहा था। उसने कॉलोनियों में स्थापित चर्चों के लिए नए बिशप नियुक्त किए, मगर इस तरह की नियुक्तियों के मामले में कोलंबस की राय नहीं ली गई। जब फिलिप फ्लेंडर्स अपनी पत्नी जुआना के साथ, जो इसाबेला की उत्तराधिकारी थी, स्पेन आया तो कोलंबस ने न्याय की प्रार्थना करने का निश्चय किया, मगर वह इतना कमजोर हो चुका था कि स्वयं मिलने के लिए नहीं जा सकता था।

उसने एक जज्बाती खत लिखकर दोनों के सामने अपना पक्ष रखा। उसने अपने भाई एडलेंटाडो के हाथों खत फिलिप और जुआना के पास भेजा। दोनों ने सहानुभूतिपूर्वक उसके पत्र को पढ़ा और आश्वासन दिया कि वे उसके हितों की रक्षा करेंगे, मगर तब तक कोलंबस के लिए काफी देर हो चुकी थी। पत्र भेजने के बाद उसकी तबीयत बिगड़ती चली गई थी।

पत्र भेजने और जवाब का इंतजार करने का सिलसिला अब रुक गया था। मई में उसे अहसास हो गया था कि उसका अंत अब करीब आ चुका था।

वसीयत

19 मई को कोलंबस ने अपनी वसीयत को अंतिम रूप प्रदान किया। इसे एक साल पहले सिगोविया में तैयार किया गया था। इस वसीयत के जरिए उसने अपने पुत्र और अपने उत्तराधिकारियों को निर्देश दिया था, ‘‘जेनोआ शहर में हमेशा हमारी विरासत को सँभालने के लिए एक व्यक्ति

को उसकी पत्नी के साथ एक घर में रखा जाए, उनके भरण-पोषण का इंतजाम किया जाए। वह व्यक्ति हमारा कोई परिजन हो, जिसकी जड़ें जेनोआ में हों। मैं उसी शहर में पैदा हुआ, इसीलिए मैं अपनी परंपरा को जिंदा रखना चाहता हूँ।''

देहावसान

वसीयत लिखने के दो दिन बाद 21 मई, 1506 को कोलंबस की मृत्यु हो गई। अंतिम समय में उसने कहा, ''ईश्वर, तुम्हारे हाथों में मैं अपनी आत्मा सौंप रहा हूँ।''

□

अंत्येष्टि और शव का हस्तांतरण

कोलंबस की अंत्येष्टि पल्लाडोलिड के सेन फ्रांसिस्को कॉन्वेंट में की गई। यह बात नेवेरेट ने लिखी है, जिसने कोलंबस के जीवन से जुड़े मुक्त दस्तावेजों का संग्रह किया था। उसका कहना है कि सांता मारिया डि के एंटीगुआ के चर्च में अंत्येष्टि की प्रार्थना आयोजित की गई थी। सेन फ्रांसिस्को के कॉन्वेंट से कुछ महीने बाद कोलंबस के शव को सेविले हस्तांतरित किया गया। वहाँ बाद में एक नए उपासना स्थल का निर्माण किया गया, जिसका नाम सांता मारिया डि लास क्यूवेस रखा गया। इसी उपासना स्थल में कोलंबस के शव को दफनाया गया। इस घटना की तारीख को लेकर इतिहासकारों के बीच काफी विवाद होता रहा। ऐसा माना जाता रहा है कि सन् 1513 में इस उपासना स्थल का निर्माण किया गया था, लेकिन इतिहासकार हैरीस ने इस तारीख को सही नहीं माना है।

इसके बाद कम-से-कम 28 सालों तक कोलंबस का शव उसी उपासना स्थल की कब्र में दफन रहा। फिर चार्ल्स पंचम के पास एक याचिका भेजकर प्रार्थना की गई कि कोलंबस के शव को सेन डोमिंगो ले जाने की इजाजत दी जाए, ताकि उस शहर के चर्च परिसर के बड़े उपासना स्थल में शव को दफनाया जा सके। राजा ने शव को ले जाने की इजाजत दे दी। इस आशय का आज्ञापत्र 2 जून, 1537 को जारी

किया गया। यह ज्ञात नहीं है कि किस तारीख को शव को सेन डोमिंगो में दफनाया गया, मगर इतना निश्चित है कि इस प्रक्रिया में कई साल लग गए।

हैरीस ने एक प्रामाणिक दस्तावेज का हवाला देते हुए बताया है कि सन् 1655 में जब विलियम पेन ने सेन डोमिंगो नगर पर कब्जा कर लिया था, तब चर्च परिसर में दफनाए गए तमाम शवों को खोदकर बाहर निकाला गया था, ताकि 'विधर्मियों' के शवों का अनादर किया जा सके। ऐसा करते समय एडमिरल के शव के साथ भी वही व्यवहार किया गया, जो शेष शवों के साथ किया गया।

हैरीस ने यह भी लिखा है कि 19 मई, 1673 को आए भीषण भूकंप की वजह से जहाँ चर्च का एक हिस्सा तबाह हो गया था, वहीं

कई कब्रों को भी नुकसान पहुँचा था। उसने लिखा है, ''कॉलोनी के नाम पर होनेवाले संघर्ष, प्रतिकूल जलवायु और शासकों की लापरवाही के चलते कोलंबस के शव के अवशेष लुप्त हो गए, उसकी हड्डियाँ अन्य शवों की हड्डियों के साथ धूल में मिल गईं।''

हैरीस का दावा है कि परवर्ती समय में कोलंबस के शव के अवशेष की खोज संभव नहीं हो पाई। न तो सेन डोमिंगो में कोई अवशेष मिला और न किसी दूसरे नगर में। इस विषय का गहरा अध्ययन करनेवाले हैरीस के ये नतीजे महत्त्वपूर्ण हैं और रोचक भी, क्योंकि इस तरह की जनश्रुतियाँ भी प्रचलित रही हैं कि कोलंबस की हड्डियों को ले जाकर क्यूबा की राजधानी हवाना में दफनाया गया था। वहीं हैरीस के वर्णन से स्पष्ट हो जाता है कि ऐसी जनश्रुतियाँ प्रामाणिक नहीं मानी जा सकतीं।

बाद के वर्षों में इस बात को लेकर विवाद पैदा होता रहा कि कोलंबस के शव के अवशेष को किस स्थान पर रखा गया था। कई इतिहासकारों ने इस मसले पर अलग-अलग विचार व्यक्त किए और इसके संबंध में कई आधिकारिक और गैर-आधिकारिक रिपोर्ट प्रकाशित होती रही।

सन् 1867 में कोलंबस को संत का दरजा देने की माँग की गई। सन् 1877 में कोलंबस के जीवनीकार डि लोर्जेस ने ईसाई धर्म प्रतिष्ठा से अनुरोध किया कि कोलंबस के ऐतिहासिक योगदान को ध्यान में रखते हुए उसे संत की मान्यता दी जाए। लोर्जेस का मानना था कि कोलंबस को जनमानस ने बहुत पहले संत का दरजा प्रदान कर दिया था। इसके बावजूद औपचारिक रूप में धर्म प्रतिष्ठान ने उसे कभी संत का दरजा नहीं दिया।

□

कोलंबस का व्यक्तित्व

कोलंबस के एक समकालीन लेखक ने लिखा है कि वह एक हृष्ट-पुष्ट शरीर और आकर्षक व्यक्तित्व का स्वामी था। उसका कद लंबा था। वह गोरा था और उसका चेहरा बड़ा था।

अगली पीढ़ी के लेखक ओपीएडो ने लिखा है, ''कोलंबस का व्यक्तित्व आकर्षक था, मझोले कद से बड़ा था। उसका शरीर तंदुरुस्त था, उसकी आँखें तीखी थीं और शरीर के सारे अंग संतुलित थे। उसके बाल लाल रंग के थे, चेहरे की रंगत गुलाबी थी और लाल-लाल धब्बे थे।''

बिशप लास केसास एडमिरल को निजी तौर पर जानता था और उसने उसके व्यक्तित्व का वर्णन इन शब्दों में किया है, ''वह मझोले कद से ऊँचा था, उसका चेहरा लंबा और आकर्षक था, उसकी नाक लंबी थी, उसकी आँखें नीली थीं, उसकी रंगत साफ थी, जो गुलाबी प्रतीत होती थी। उसके सिर और दाढ़ी के बाल भी लाल रंग के थे, जिनका वह पूरा ख्याल रखता था।''

लास केसास ने लिखा है कि उसका व्यवहार रुखा था और भाषा का प्रयोग करते समय लापरवाही बरतता था। इसके बावजूद बीच-बीच में वह उदारता का परिचय देता था और परेशान होने पर झुंझला उठता था।

इतिहासकार हैरीस ने विभिन्न लेखकों के वर्णन से कोलंबस के व्यक्तित्व से जुड़े पहलुओं का संग्रह किया था। हैरीस का कहना है कि

जेनोआ के आम निवासियों के कद और शारीरिक बनावट को देखकर कोलंबस के व्यक्तित्व का अनुमान लगाया जा सकता है। उसने लिखा है, ''जहाँ तक चित्रों का सवाल है, चाहे चित्रित किए गए, दीवार पर उकेरे गए या मूर्ति के रूप में प्रस्तुत किए गए, उन्हें निजी सार्वजनिक संग्रहालयों में सुरक्षित रखा गया है या मुद्रित कर पाठकों तक पहुँचाया गया है, इनमें से कोई भी अनुकृति कोलंबस की वास्तविक अनुकृति नहीं मानी जा सकती। इन्हें कलाकारों ने कल्पना के आधार पर बनाया है।''

कोलंबस का एक पोर्ट्रेट फ्लोरेंस नगर के संग्रहालय में सुरक्षित रखा गया है, जिसके बारे में कहा जाता है कि वह उसका वास्तविक चित्र है, लेकिन न तो उसके कलाकार का नाम किसी को मालूम है, न ही पोर्ट्रेट बनाने की तारीख का कहीं उल्लेख मिलता है। इस पोर्ट्रेट को लोग 'फ्लोरेंटीन' कहकर पुकारते हैं।

युवावस्था में कोलंबस जेनोआ में एक धार्मिक समुदाय 'सेंट कैथरीन' के साथ जुड़ा रहा। बाद के वर्षों में वह भड़कीले कपड़े पहनने लगा था। उसकी वैसी पोशाकें सेंट फ्रांसिस के धार्मिक समुदाय में प्रचलित पोशाकों से मिलती-जुलती थीं। डिएगो कोलंबस ने कहा था कि मरते वक्त कोलंबस ने उसी समुदाय की पोशाक पहन रखी थी, चूँकि वह उसी समुदाय से जुड़ा रहा था।

□

कोलंबस के चरित्र की विशेषताएँ

कोलंबस की महान् खोजों का वर्णन पढ़नेवाले पाठक आसानी से उसके चरित्र की विशेषताओं का अंदाजा लगा सकते हैं। यह उसकी लौह इच्छाशक्ति और उसके उद्देश्य के प्रति समर्पण का भाव ही था कि कई सालों तक राजा फर्डीनेंड और रानी इसाबेला के दरबार में वह समुद्री अभियान की मंजूरी के लिए प्रयास करता रहा और अंततः मंजूरी पाने में कामयाब हो गया।

जिस पल से उसने प्रथम समुद्री अभियान का सूत्रपात अपनी देख-रेख में किया, वह अभियान निरंतर महान् सफलताएँ हासिल करता गया। ऐसा उसकी दूरदर्शिता और दृढ़ संकल्प जैसे गुणों की वजह से संभव हो पाया। यह सच है कि अपनी पूर्व निर्धारित योजना के अनुसार वह एशिया की खोज नहीं कर पाया, मगर ऐसा इसलिए हुआ, क्योंकि मार्ग के बीच में उसे अमेरिका मिल गया। समुद्री यात्रा के दौरान उसने हर पल एक महान् खोजकर्ता की तरह व्यवहार किया। स्वदेश लौटने पर जिस तरह उसका सम्मान किया गया, वास्तव में वह उस सम्मान का हकदार था।

कई इतिहासकार कहते हैं कि वह महान् खोजकर्ता तो जरूर था, मगर वह नगरों की स्थापना करने के मामले में दक्ष व्यक्ति नहीं था या नई बसाई गई कॉलोनी पर शासन चलाने के लिए वह सुयोग्य नहीं था। कई देशों में ऐसे उदाहरण सामने आए हैं, जब कोई महान् सेनापति शत्रुओं की सेना को परास्त कर अमन कायम करता है, मगर कॉलोनी बसाने या किसी नगर पर

शासन चलाने में सफल नहीं हो पाता। इस तरह उसकी महानता को कम करके नहीं आँका जा सकता।

दूसरी तरफ यह कहना सही होगा कि कोलंबस को कभी अपनी बसाई हुई कॉलोनी पर शासन करने और उसका प्रशासनिक ढाँचा तैयार करने का पर्याप्त समय नहीं मिला। यह सच है कि उसका ध्यान हमेशा नई खोज पर केंद्रित रहता था। अगर वह किसी नई बसाई गई कॉलोनी की प्रशासनिक

व्यवस्था सुनिश्चित करने के लिए अपना वक्त गुजारता तो यह उसके लिए वक्त की बरबादी ही कहलाती।

उसके सामने हमेशा यह समस्या बनी रहती थी कि एशिया के तटवर्ती इलाकों के बारे में यूरोप के ज्ञान के साथ वह अपनी खोजों का तालमेल किस तरह कायम कर सकता था। उसे हमेशा लगता था कि ग्रेट खान के साम्राज्य तक वह पहुँचने ही वाला था। वह हमेशा इस बात को लेकर रोमांचित रहता था कि जल्द ही उस महान् शासक से उसकी मुलाकात होनेवाली थी, जो लंबे समय से पूरब का शासक बना हुआ था।

कोलंबस ने इसी खुशफहमी के साथ दुनिया को अलविदा कहा था कि वह एशिया के काफी करीब पहुँच चुका था।

कोलंबस को कई तरह की प्रतिकूल परिस्थितियों का सामना करना पड़ा और यह भी कहा जा सकता है कि टूटे हुए दिल के साथ उसने अंतिम साँस ली थी। इतिहास ने उसके साथ इनसाफ किया और उसे ऐसा महान् खोजकर्ता माना, जिसकी वजह से दुनिया तरक्की के रास्ते पर कदम बढ़ा सकी।

कोलंबस का जीवन इस बात का उदाहरण है कि जब कोई व्यक्ति किसी महान् विचार के साथ निर्धारित लक्ष्य को पाने के लिए पुरुषार्थ करता है तो ईश्वर भी उसकी सहायता करता है।

कोलंबस की दृढ़ इच्छाशक्ति, लक्ष्य के प्रति समर्पण, निःस्वार्थ कर्म और सफल होने का संकल्प पाँच सौ वर्षों से मानव जाति के लिए अनुकरणीय उदाहरण रहा है और आनेवाले समय में भी यह उदाहरण बना रहेगा।

□

कोलंबस के जीवन की महत्त्वपूर्ण तिथियाँ

आरंभिक चरण

1451	:	कोलंबस का जेनोआ में जन्म, पिता ऊन व्यापारी व बुनकर, 14 साल की उम्र से समुद्र की यात्रा की शुरुआत।
1476	:	पुर्तगाल के समुद्री लुटेरों के हमले के दौरान पोत डूबने पर कोलंबस तैरकर किनारे तक पहुँचा। वह लिस्बन में अपने भाई बर्थोलोम्यू के पास पहुँचा।
1477–1484	:	दक्ष जहाजी होने के नाते वाणिज्यिक समुद्री यात्राएँ करते हुए आइसलैंड और गुनीया जैसे दूरदराज के स्थानों पर पहुँचा।
1479	:	कोलंबस ने एक पुर्तगाली भद्र व्यक्ति की पुत्री फिलिपा परस्ट्रेला ए मोनीज से विवाह किया। वे मेडीरिया के पास पोर्टो द्वीप में रहने लगे।
1480	:	बड़े पुत्र डिएगो का जन्म हुआ।
1484	:	कोलंबस ने भारत की खोज करने के लिए समुद्री यात्रा की योजना बनाई, मगर वह

पुर्तगाल के राजा जॉन द्वितीय को अपनी योजना का प्रायोजक बनने के लिए तैयार नहीं कर पाया। पत्नी फिलिपा का देहांत।

1485 : कोलंबस स्पेन चला गया और एंडलुसिया के पालोस नामक स्थान पर रहने लगा।

1488 : बिना विवाह किए ही विट्रीज इनटीकीज डि हराना नामक महिला को संगिनी बनाकर रखा, जिससे द्वितीय पुत्र फर्नांडो का जन्म हुआ।

1492 : स्पेन के राजा-रानी फर्डीनेंड और इसाबेला ने अंतिम मूरिश नगर ग्रेनडा पर कब्जा किया।

प्रथम समुद्री यात्रा

1492 : स्पेन के पालोस नामक स्थान से यात्रा की शुरुआत।

1492 : गोमेरा (केनरी द्वीप) से जहाज की मरम्मत करने के बाद यात्रा आरंभ।

1492 : बहामा क्षेत्र में अमेरिकी भूखंड की खोज।

1492 : क्यूबा की धरती पर।

1492 : पिंटा जहाज के कप्तान मार्टिन एलोनसो पिनजोन ने क्यूबा में यात्रा रोकी।

1492 : कोलंबस हिस्पानिओला पहुँचा।

1492 : मुख्य जहाज सांता मारिया हिस्पानिओला में डूबा। कोलंबस ने ला नेवीदाद की खोज की।

1493 : पिनजोन वापस कोलंबस के बेड़े में पहुँचा।

1493 : नीना जहाज में सवार होकर कोलंबस हिस्पानिओला से स्पेन रवाना हुआ।

1493 : भयंकर तूफान की वजह से नीना और पिंटा जहाज एक-दूसरे से जुदा हुए।

1493 : एजोरेस में सांता मारिया द्वीप नजर आया।

1493 : लिस्बन, पुर्तगाल पहुँचा।

1493 : नीना और पिंटा स्पेन के पालोस बंदरगाह तक पहुँचे।

दूसरी समुद्री यात्रा

सितंबर 1493 : 17 जहाजों का विशाल बेड़ा काडिज बंदरगाह से रवाना हुआ।

1493 : केनरी द्वीप के हीरो नामक स्थान से यात्रा आरंभ।

1493 : डोमिनिका द्वीप नजर आया, फिर गुएडेलुप द्वीप नजर आया।

1493 : हिस्पानिओला पहुँचा।

1493 : नेवीदाद पहुँचा, जहाँ दुर्ग को क्षतिग्रस्त पाया।

1493 : ला इसाबेला नामक नई कॉलोनी बसाई।

1494 : क्यूबा पहुँचा।

1494 : जमाइका पहुँचा।

1494 : फिर क्यूबा पहुँचा।

1494 : हिस्पानिओला रवाना हुआ।

1494 : हिस्पानिओला के ला इसाबेला में पहुँचकर गवर्नर का पद सँभाला।

1494-95 : स्पेनियार्ड और टाइनो के बीच युद्ध छिड़ गया।

1496 : ला इसाबेला से स्पेन रवाना हुआ।

1496 : पुर्तगाल के समुद्र तट पर पहुँचा।

तीसरी समुद्री यात्रा

1498 : छह जहाजों के साथ स्पेन के सनलुफर बंदरगाह से रवाना हुआ।

1498	:	गोमेरा (केनरी द्वीप) पहुँचा, जहाँ बेड़े को दो भागों में विभाजित किया। एक बेड़ा हिस्पानिओला की तरफ रवाना हुआ, वहीं कोलंबस केप वर्डे द्वीप और अटलांटिक के दक्षिण दिशा की तरफ रवाना हुआ।
1498	:	केप वर्डे द्वीप से रवाना हुआ।
1498	:	त्रिनिदाद पहुँचा।
1498	:	पारिया की खाड़ी से रवाना हुआ, मारगर्टिया पहुँचा।
1498	:	हिस्पानिओला के नए नगर डोमिंगो पहुँचा। कोलंबस ने कॉलोनी के गवर्नर का पद नए सिरे से सँभाला।
अक्तूबर 1500	:	कोलंबस को गिरफ्तार कर स्पेन भेजा गया।

चौथी समुद्री यात्रा

1502	:	स्पेन के काडिज बंदरगाह से चार जहाजों के साथ रवाना हुआ।
1502	:	हिस्पानिओला के सेंटो डोमिंगो नगर में पहुँचा।
1502	:	निकारागुआ पहुँचा।
1503	:	रियो बेलेन में छावनी बनाई।

1503	: इंडियन हमले में छावनी क्षतिग्रस्त।
1503	: रियो बेलेन से स्पेन रवाना हुआ
1503	: क्षतिग्रस्त जहाज को जमाइका में छोड़ दिया, साथ ही मल्लाह भी वहीं रह गए।
1504	: एक साल से अधिक समय गुजरने के बाद जमाइका से मल्लाहों को वापस लाया जा सका।
1504	: कोलंबस स्पेन लौटा।
1506	: बालाडोलिड में कोलंबस का देहांत।

□

संदर्भ ग्रंथ

1. **क्रिस्टोफर कोलंबस :** हिज लाइफ एंड हिज वर्क : चार्ल्स केंडाल एडम्स
2. **क्रिस्टोफर कोलंबस :** जॉन स्टीवंस केबोट एबोट
3. **क्रिस्टोफर कोलंबस :** एक्सप्लोरर ऑफ द न्यू वर्ल्ड : रॉबिन सेंटोस डोक
4. **क्रिस्टोफर कोलंबस :** फेमस एक्सप्लोरर : मेरी डि-वेड
5. **क्रिस्टोफर कोलंबस :** सेलींग टू ए न्यू वर्ल्ड : एड्रीयना मोर्गनेली
6. **क्रिस्टोफर कोलंबस :** सुसान बिवीन एलर
7. **क्रिस्टोफर कोलंबस :** द ब्यॉज दैट चेंज्ड द वर्ल्ड : एम्मा कालेसन बेन
8. **क्रिस्टोफर कोलंबस :** वाशिंगटन इरविंग
9. **क्रिस्टोफर कोलंबस :** नेवीगेटेड बाई गॉड : जेसीका रांडाल

□□□